Bildwörterbuch für Kinder und Eltern

INHALT ЗМІСТ

Die Familie	Сім'я	2
Der Körper	Тіло	3
Das Wohnzimmer	Вітальня	4
Das Kinderzimmer	Дитяча кімната	6
Das Badezimmer	Ванна	8
Die Küche	Кухня	10
Die Kleidung	Одяг	12
Der Garten	Сад	14
Der Bauernhof	Ферма	16
Die Stadt	Місто	18
Der Landverkehr	Наземний транспорт	20
Die Luftfahrt	Повітряний транспорт	22
Die Schifffahrt	Водний транспорт	24
Der Supermarkt	Універсам	26
Der Markt	Ринок	28
Das Essen	Їжа	30
Der Wald	Ліс	32
Die Savanne	Саванна	34
Der Strand	Пляж	36
Das Camping	Кемпінг	38
Die Musik	Музика	40
Sport	Спорт	42
Die Unterhaltung	Відпочинок та ігри	44
Die Berufe	Професії	46
Die Technik	Техніка	48
Der Standort	Розташування	49
Emotionen	Емоції	50
Aktivitäten	Дії	51
Die Schule	Школа	52
Die Zahlen	Числа	54
Die Farben	Кольори	55
Die Formen	Форми	55
Die Zeit	Час	55
Das Wetter	Погода	56
Der Kalender	Календар	56
Wörterverzeichnis	Список слів	57

Audio-Inhalte zum Download finden Sie auf der Webseite:
www.jourist.de/kinder

Herausgeber: Igor Jourist

Illustrationen, Texte und Gesamtherstellung - Jourist Verlags GmbH, Hamburg

ISBN 978-3-89894-759-6

JOURIST

www.jourist.de

DIE FAMILIE СІМ’Я

die Eltern
батьки

der Vater
батько

die Mutter
матір

der Sohn
син

der Bruder
брат

die Tochter
дочка

die Schwester
сестра

die Kinder
діти

die Großeltern
дідусь і бабуся

der Großvater
дідусь

die Großmutter
бабуся

die Enkelin
онучка

der Enkel
онук

die Enkelkinder
онуки

das Baby
немовля

die Zwillinge
близнюки

das Mädchen
дівчинка

der Junge
хлопчик

die Frau
жінка

der Mann
чоловік

DER KÖRPER ТІЛО

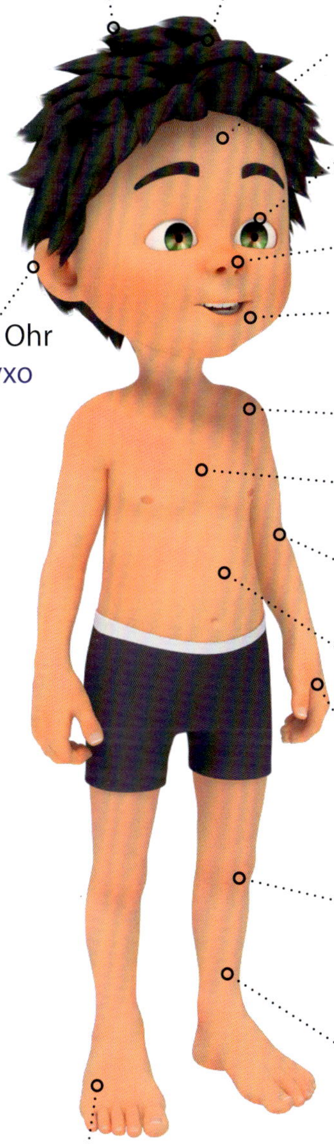

die Hand
кисть руки

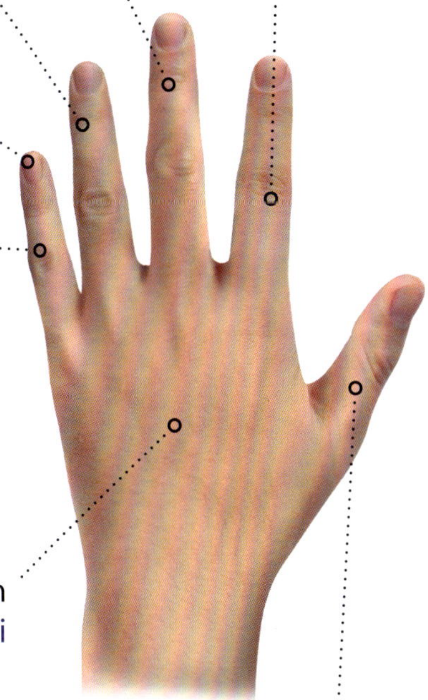

das Auge
око

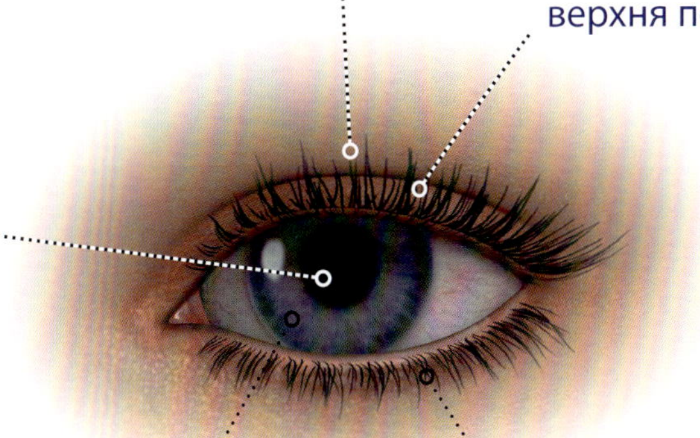

DAS WOHNZIMMER ВІТАЛЬНЯ

die Fernbedienung
пульт дистанційного керува́ння

der Vogelkäfig
клітка для птахів

das Terrarium
тераріум

das Aquarium
акваріум

der Wassernapf
миска

die Tischlampe
настільна лампа

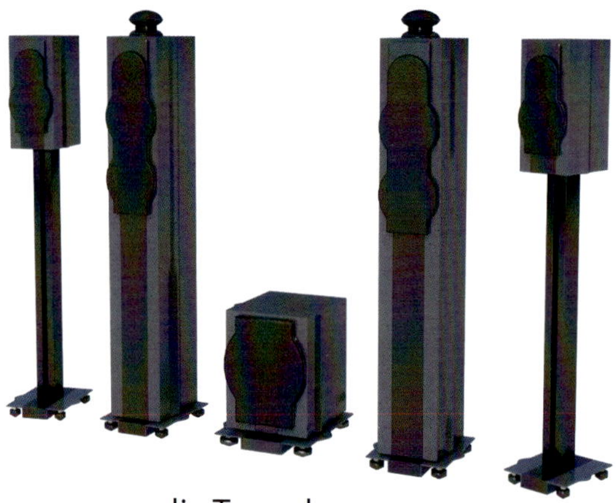

die Tonanlage
аудіосистема

der Kronleuchter
люстра

der Kamin
камін

die Schauvitrine
шафа зі скляними дверцятами

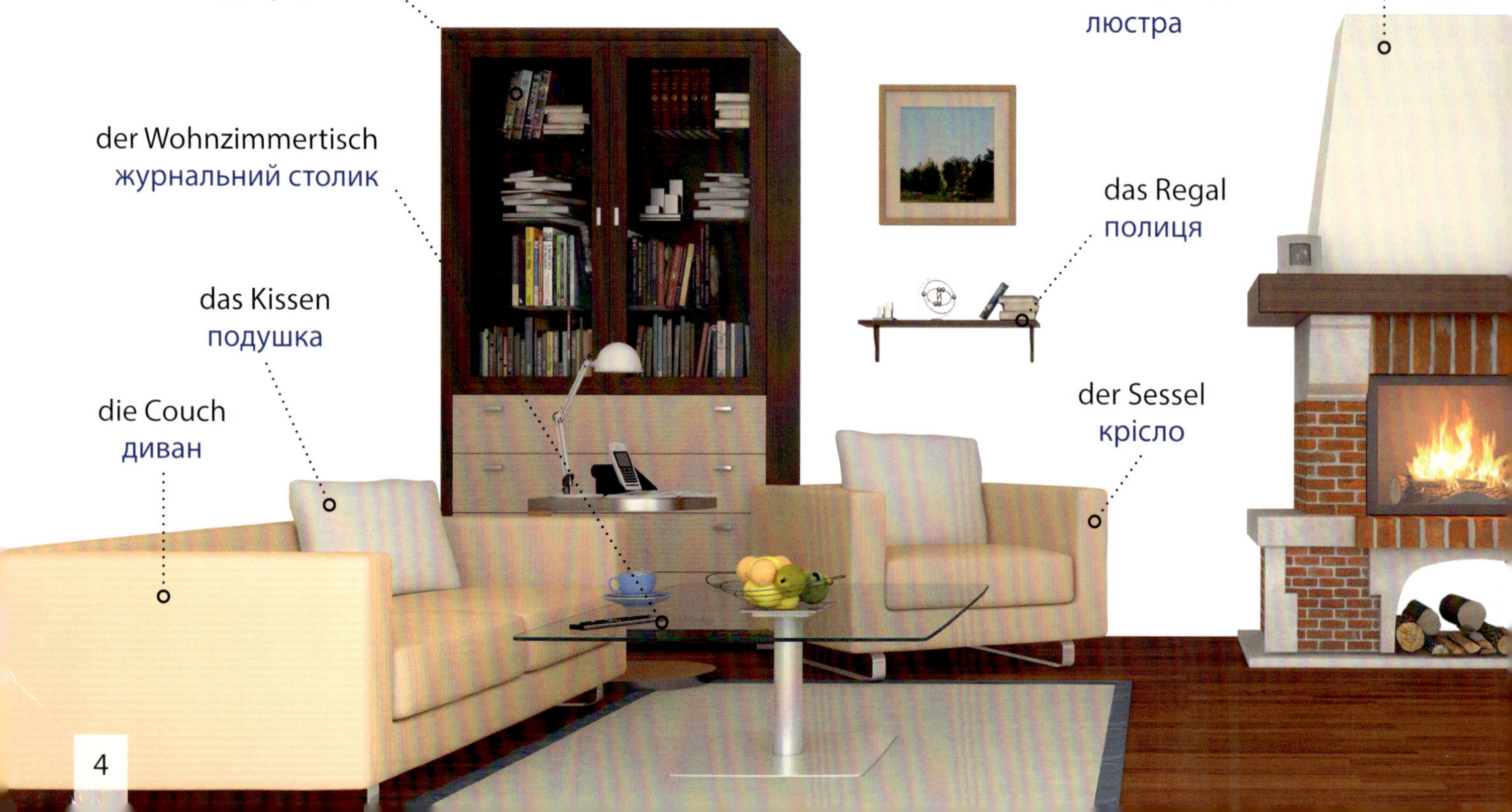

der Wohnzimmertisch
журнальний столик

das Regal
полиця

das Kissen
подушка

die Couch
диван

der Sessel
крісло

der Projektor
проєктор

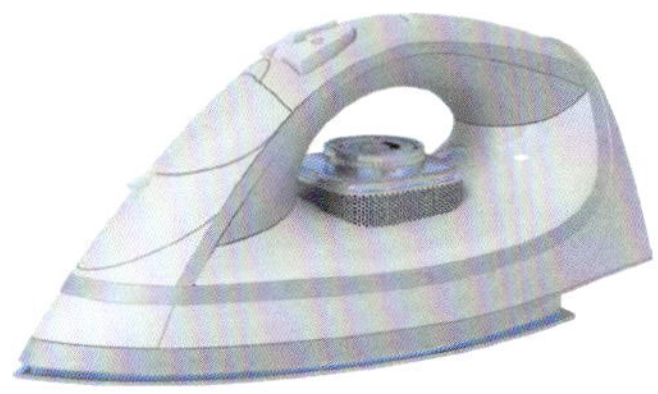

das Bügeleisen
праска

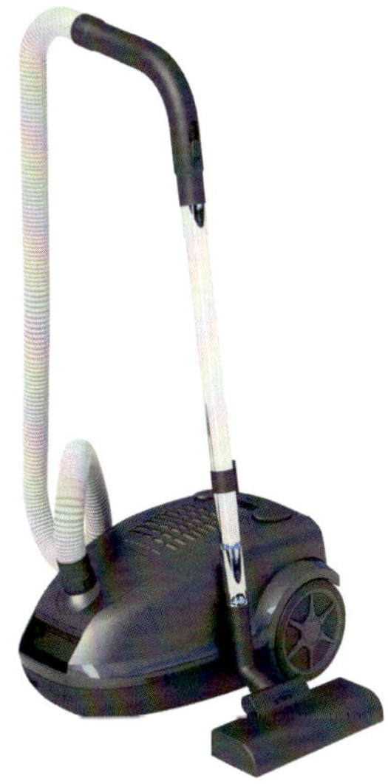

der Staubsauger
порохотяг

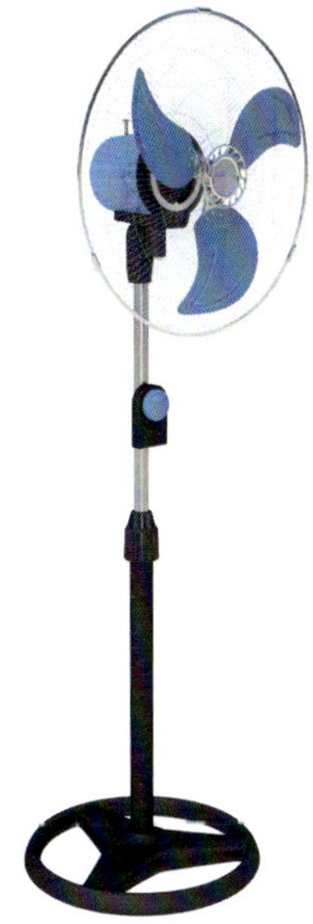

der Ventilator
вентилятор

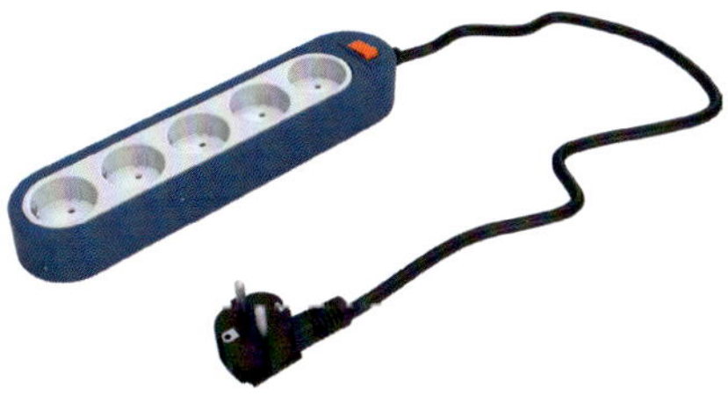

die Mehrfachsteckerleiste
багаторозетковий подовжувач

der Stuhl
стілець

die Kopfhörer
навушники

der Tisch
стіл

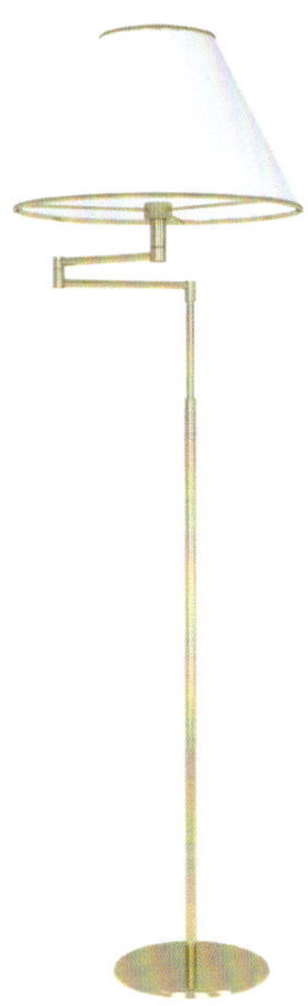

die Stehlampe
торшер

das Bücherregal
книжкова шафа

der Fernseher
телевізор

der Polsterhocker
пуф

die Topfpflanze
горшкова рослина

DAS KINDERZIMMER ДИТЯЧА КІМНАТА

der Schrank
шафа

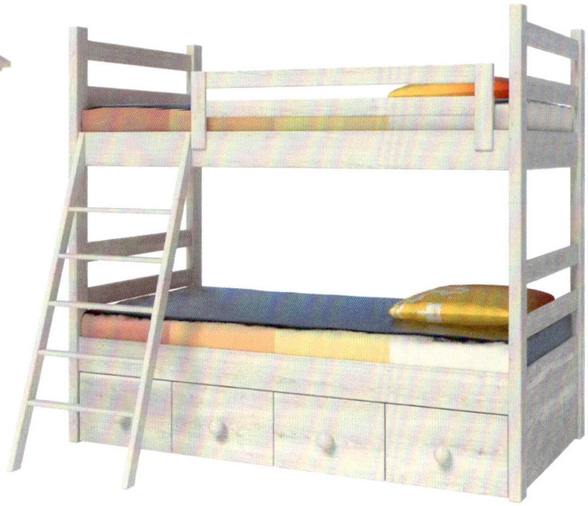

das Stockbett
двоярусне ліжко

das Kinderbett
ліжечко для малюка

das Zugset
іграшкова залізниця

das Puppenhaus
ляльковий дім

der Hüpfball
м'яч-стрибун

der Pinsel
пензлик

die Farbstifte
кольорові олівці

die Leinwand
полотно

die Wasserfarben
акварель

die Wachsmalstifte
воскова крейда

der Wickeltisch
пеленальний стіл

DAS BADEZIMMER ВАННА КІМНАТА

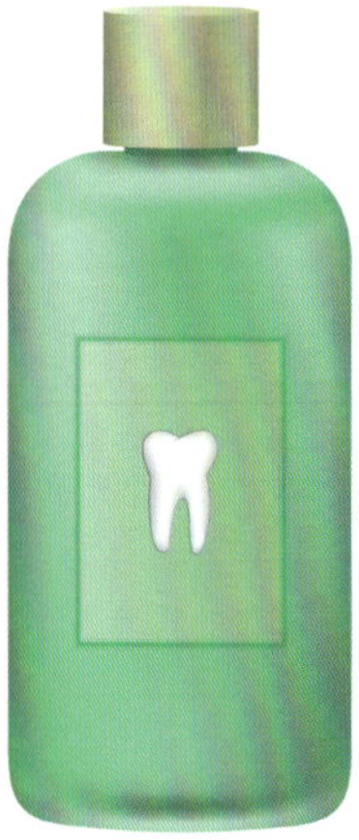

das Mundwasser
ополіскувач для порожнини рота

die Zahnbürste
зубна щітка

die Zahnpasta
зубна паста

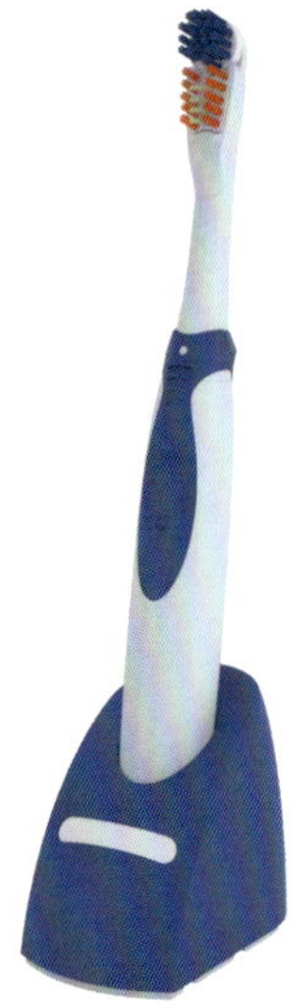

die elektrische Zahnbürste
електрична зубна щітка

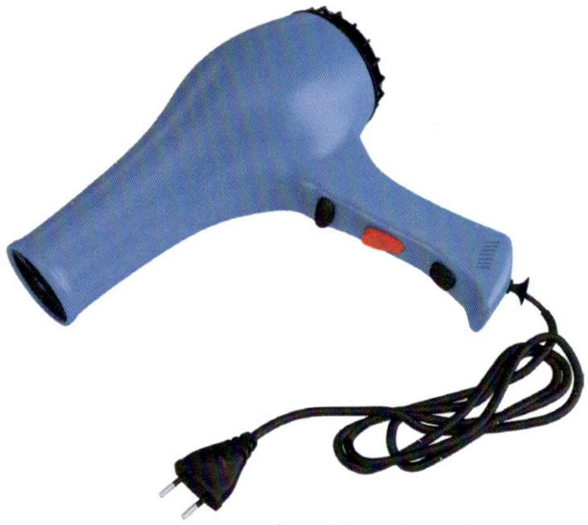

der Haartrockner
фен

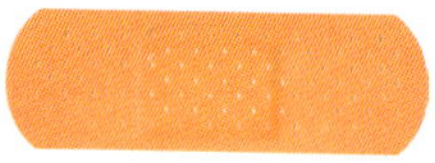

das Pflaster
пластир

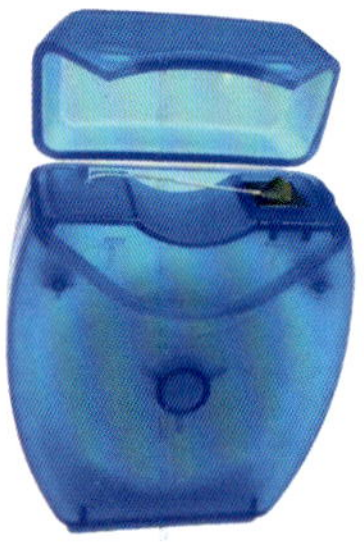

die Zahnseide
зубна нитка

der Schaumstoffschwamm
синтетична губка

das Kompaktpuder
компактна пудра

der Nagellack
лак для нігтів

der Lippenstift
помада

die Dusche
душ

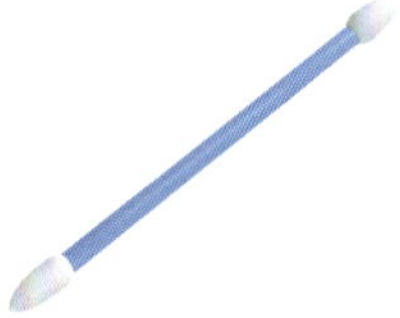

das Wattestäbchen
ватні палички

die Waschmaschine
пральна машина

der Wasserhahn
кран

die Badewanne
ванна

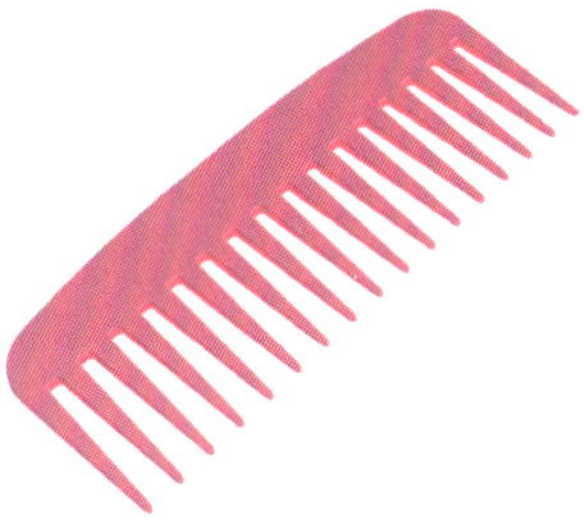
der Kamm
гребінець

die Haarbürste
щітка для волосся

das Deodorant
дезодорант

das Deospray
дезодорант-спрей

die Seife
мило

das Duschgel
гель для душу

die Sonnencreme
лосьйон для засмаги

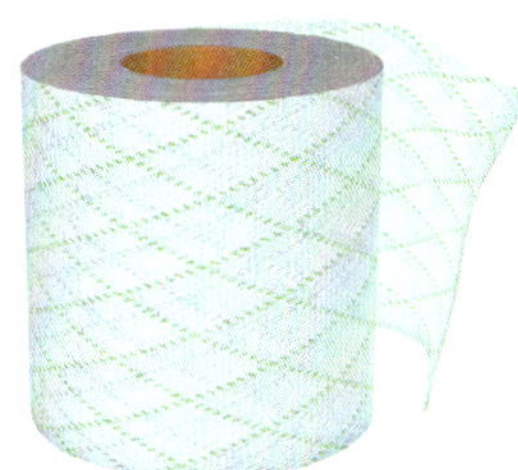
das Toilettenpapier
туалетний папір

das Shampoo
шампунь

der Rasierschaum
піна для гоління

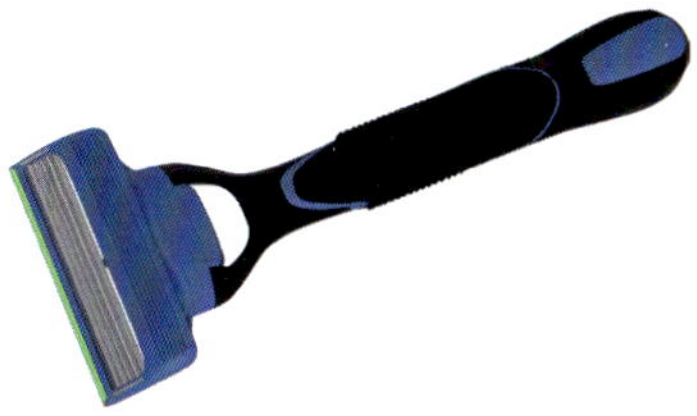
der Rasierer
бритва

die Nagelschere
ножиці для нігтів

der/das Haargummi
резинка для волосся

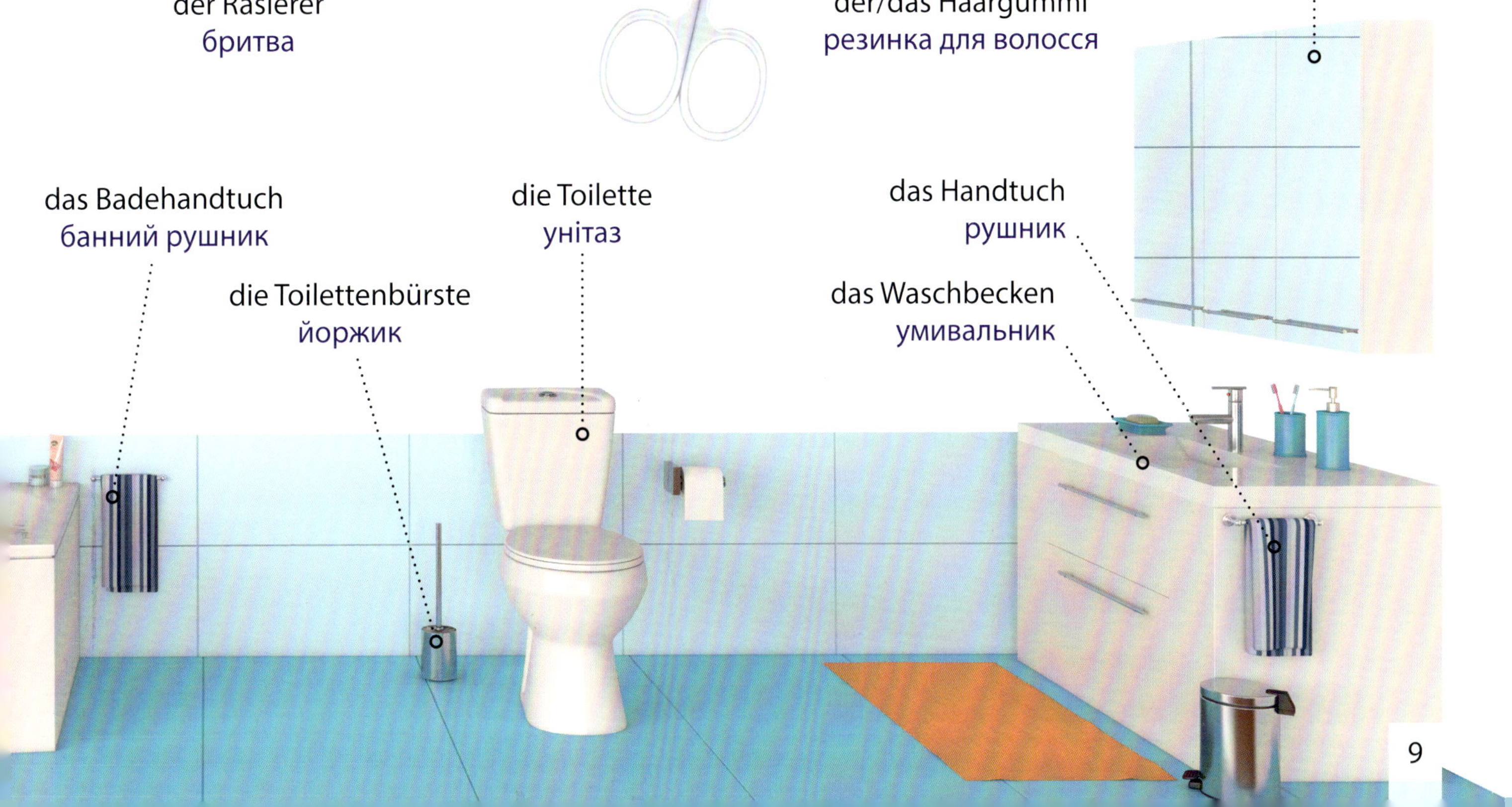

DIE KÜCHE КУХНЯ

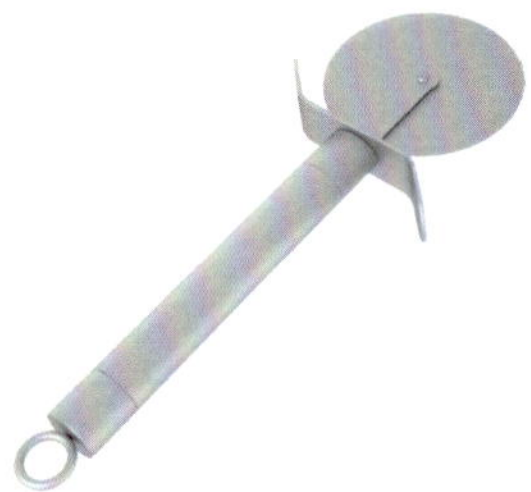

der Pizzaschneider
ніж для піци

der Pfannenwender
лопатка

die Pfeffermühle
подрібнювач для перцю

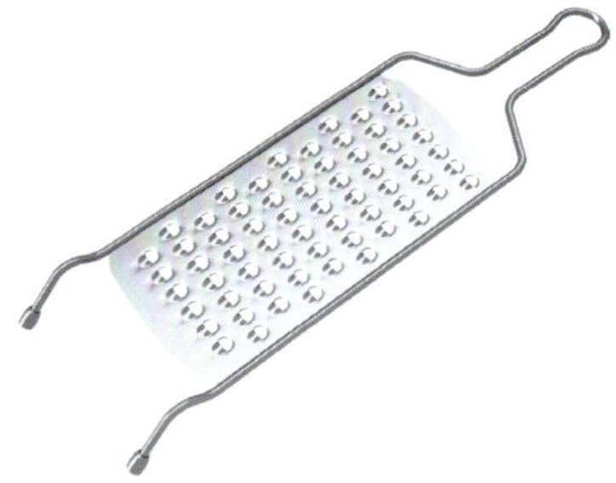

die Reibe
тертка

das Trinkglas
склянка

der Abfalleimer
відро для сміття

der Toaster
тостер

der Topf
каструля

der Mixer
блендер

die Schöpfkelle
ополоник

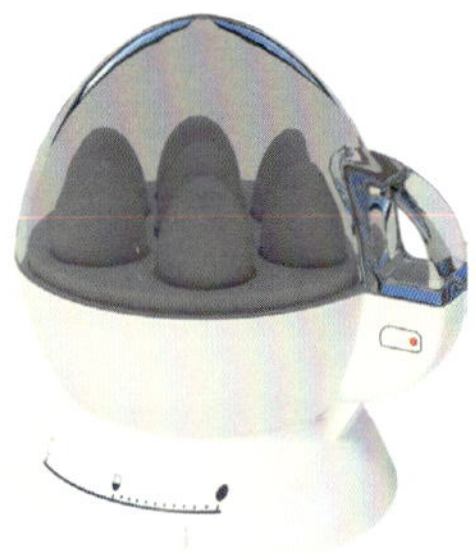

der Eierkocher
яйцеварка

die Mikrowelle
мікрохвильова піч

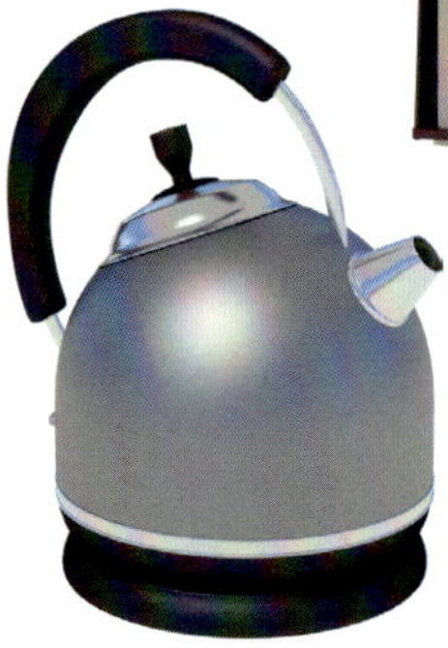

der Teekessel
чайник

der Kühlschrank
холодильник

das Spülbecken
мийка

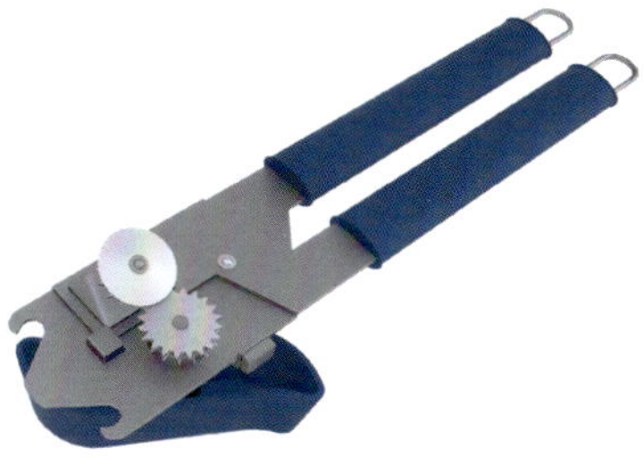

der Dosenöffner
консервовідкривач

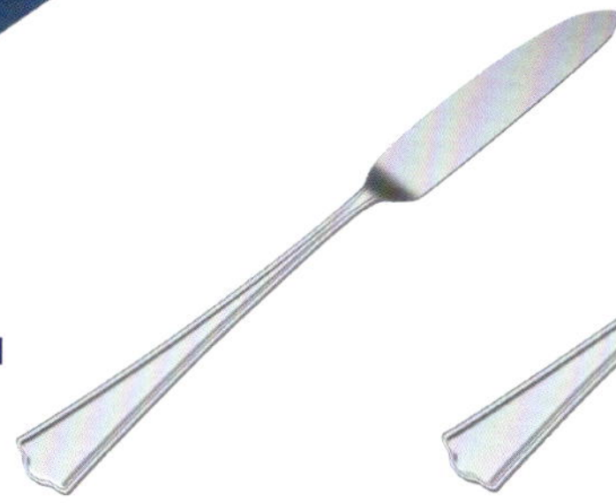

das Messer
ніж

die Gabel
виделка

der Löffel
ложка

das Kochmesser
кухарський ніж

der Teller
тарілка

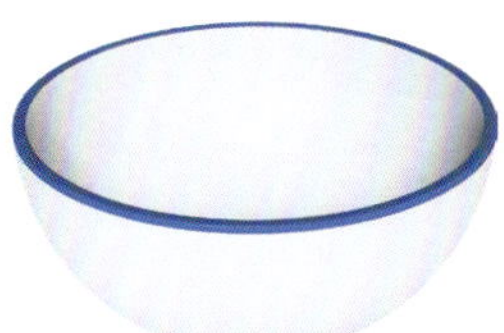

die Suppenschale
миска

die Tasse mit Untertasse
чашка блюдцем

der Teelöffel
чайна ложка

das Schneidebrett
дошка для нарізання

der Flaschenöffner
відкривалка для пляшок

die Bratpfanne
пательня

DIE KLEIDUNG ОДЯГ

das Hemd
сорочка

die Krawatte
краватка

der Anzug
костюм

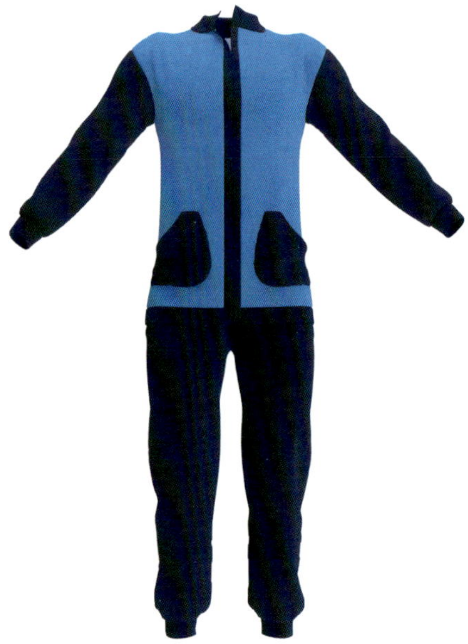

der Trainingsanzug
тренувальний костюм

die Weste
жилет

die Ballerinas
балетки

die Sandalen
сандалі

das Polohemd
теніска

das T-Shirt
футболка

der Pullover
светр

die Jeans
джинси

die Shorts
шорти

der Overall
комбінезон

die Socken
шкарпетки

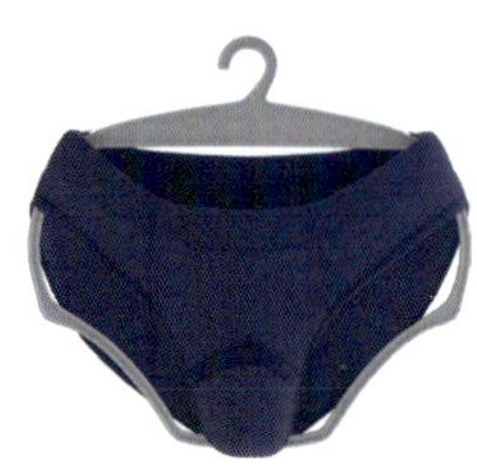

die Unterhose
труси

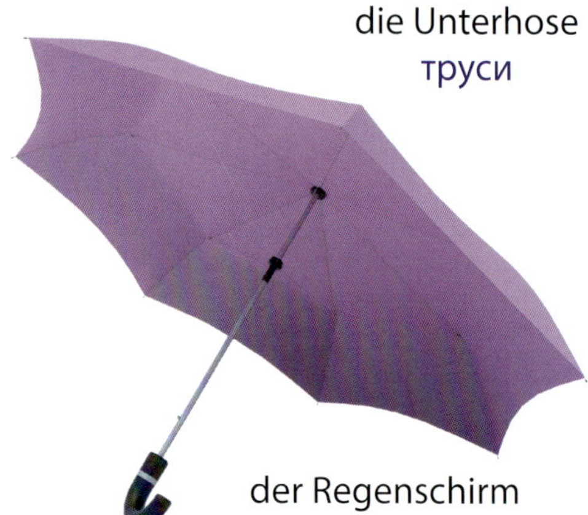

der Regenschirm
парасолька

die Jacke
куртка

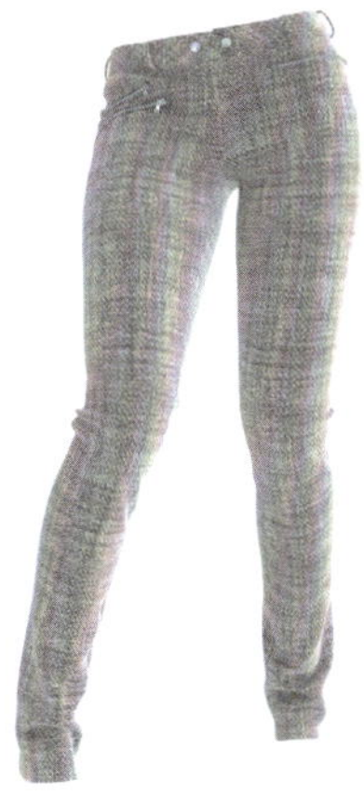
die Hose
штани

das Kleid
сукня

der Rock
спідниця

die Turnschuhe
кросівки

die Bluse
блузка

die Handschuhe
рукавички

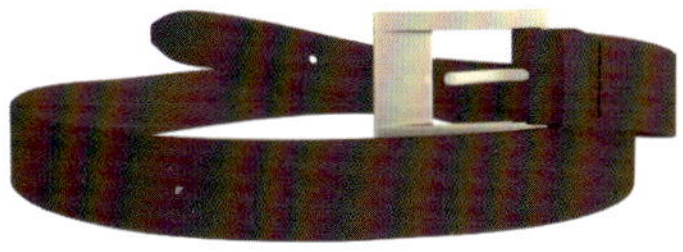
der Gürtel
пояс

der Kleiderschrank
платяна шафа

das Regalbrett
полиця

der Hut
капелюх

die Kleidung
одяг

das Schuhregal
ящик для взуття

die Schublade
ящик для білизни

die Schachtel
коробка

die Baseballkappe
бейсболка

DER GARTEN САД

die Schubkarre
візок

die Gartenschere
садові ножиці

der Rasenmäher
газонокосарка

der Spaten
совкова лопата

der Gartenschlauch
шланг

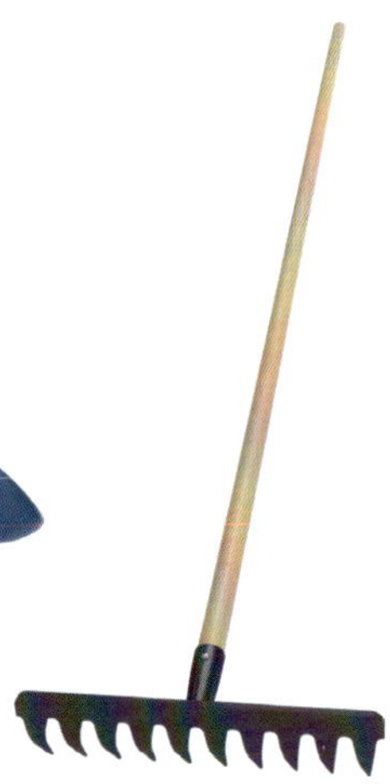

die Harke
граблі

die Forke
вила

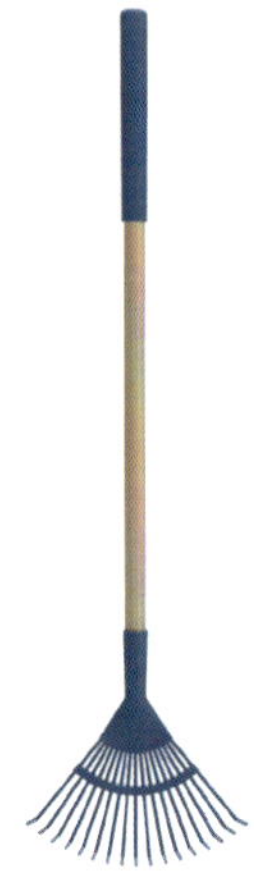

der Laubrechen
садові граблі

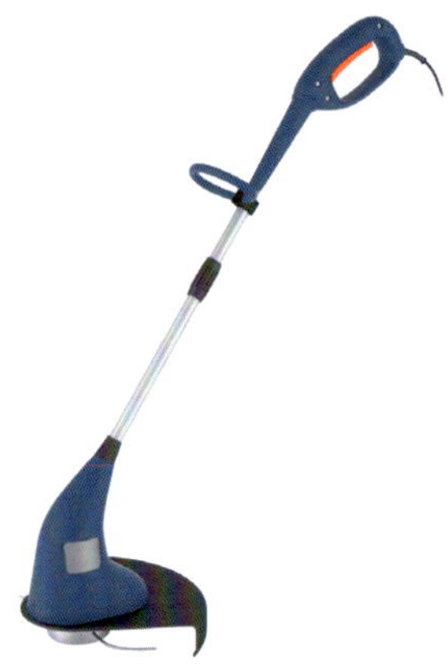

der Rasentrimmer
електрокоса

die Gießkanne
лійка

die Gartenhandschuhe
садові рукавички

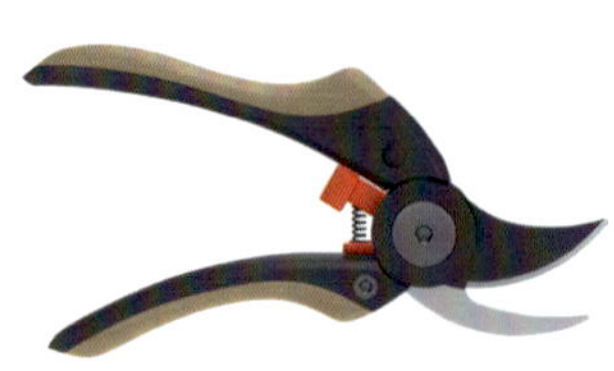

die Rebschere
секатор

der Vogel
птах

der Hund
собака

der Springbrunnen
фонтан

der Schmetterling
метелик

die Katze
кішка

das Planschbecken
дитячий басейн

die Ameise
мураха

der Sandkasten
пісочниця

die Blume
квітка

der Grashüpfer
коник

der Marienkäfer
сонечко

das Schaukelset
гойдалка

der Rasen
газон

der Zaun
паркан

der Strauch
кущ

DER BAUERNHOF ФЕРМА

der Esel
віслюк

der Traktor
трактор

das Schaf
вівця

die Ziege
цап

die Biene
бджола

das Gemüse
овочі

die Gans
гусак

das Kaninchen
кролик

das Obst
фрукти

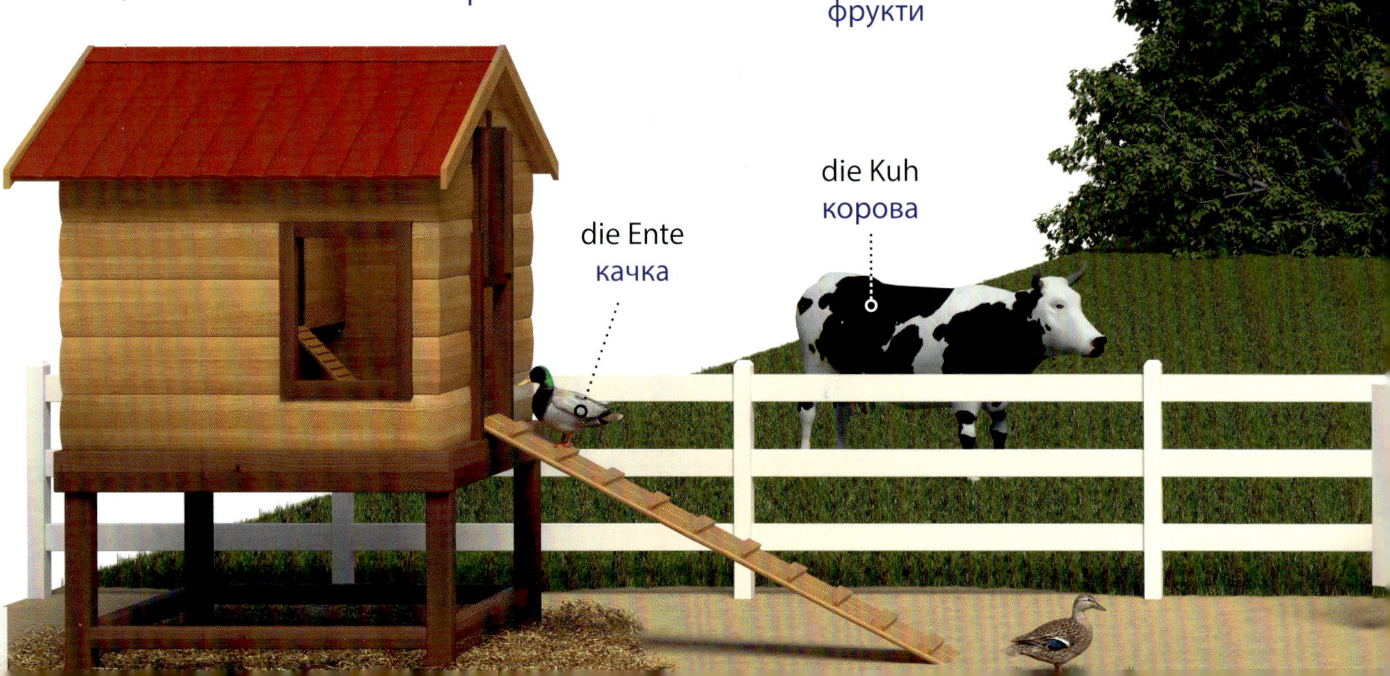

der Rebstock
виноград
die Aubergine
баклажан
die Sonnenblume
соняшник
der Mais
кукурудза
der Weizen
пшениця
die Gerste
ячмінь
die Tomate
помідор
der Chilipfeffer
перець чилі
die Gurke
огірок
die Melone
диня
der Kürbis
гарбуз
die Karotte
морква
die Erdbeere
полуниця
das Pferd
кінь
der Hahn
півень

DIE STADT МІСТО

die Bushaltestelle
автобусна зупинка

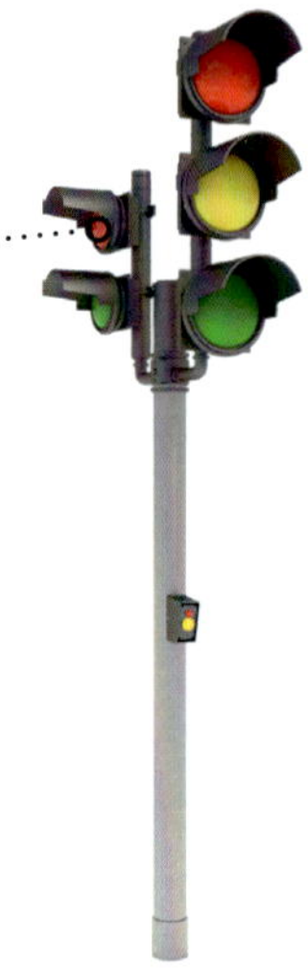

die Fußgängerampel
світлофор для пішоходів

die Ampel
світлофор

der Mülleimer
урна

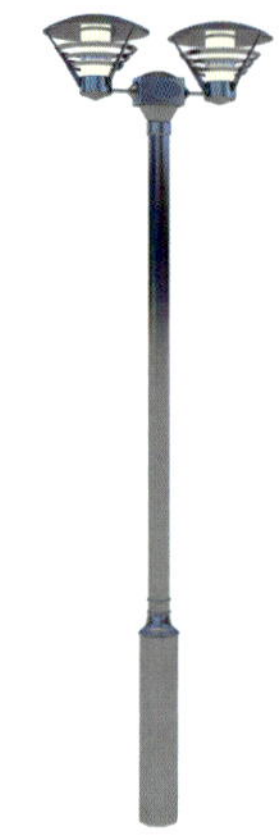

die Straßenlaterne
вуличний ліхтар

der Bus
автобус

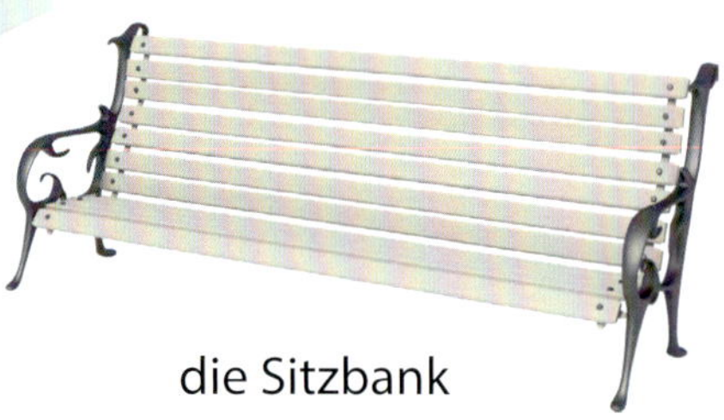

die Sitzbank
лавка

die Tankstelle
автозаправна станція

das Krankenhaus
лікарня

das Hotel
готель

die Feuerwache
пожежна станція

das Baseballfeld
бейсбольне поле

die Straße
дорога

das Feuerwehrfahrzeug
пожежний автомобіль

das Polizeiauto
поліційний автомобіль

der Feuerwehrmann
пожежний

der Polizist
поліціянт

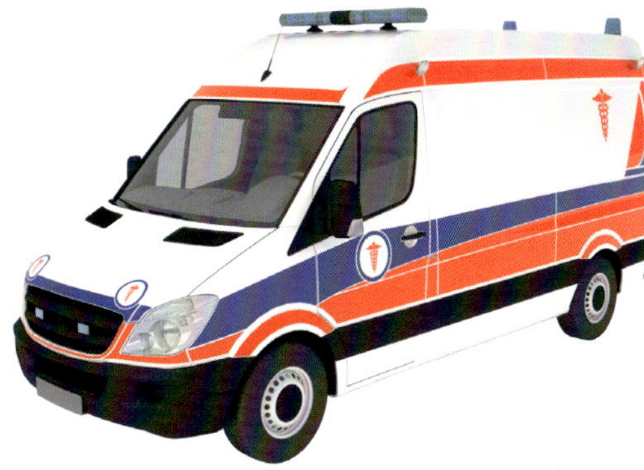

der Krankenwagen
швидка допомога

der Sanitäter
санітар

das Müllauto
сміттєвоз

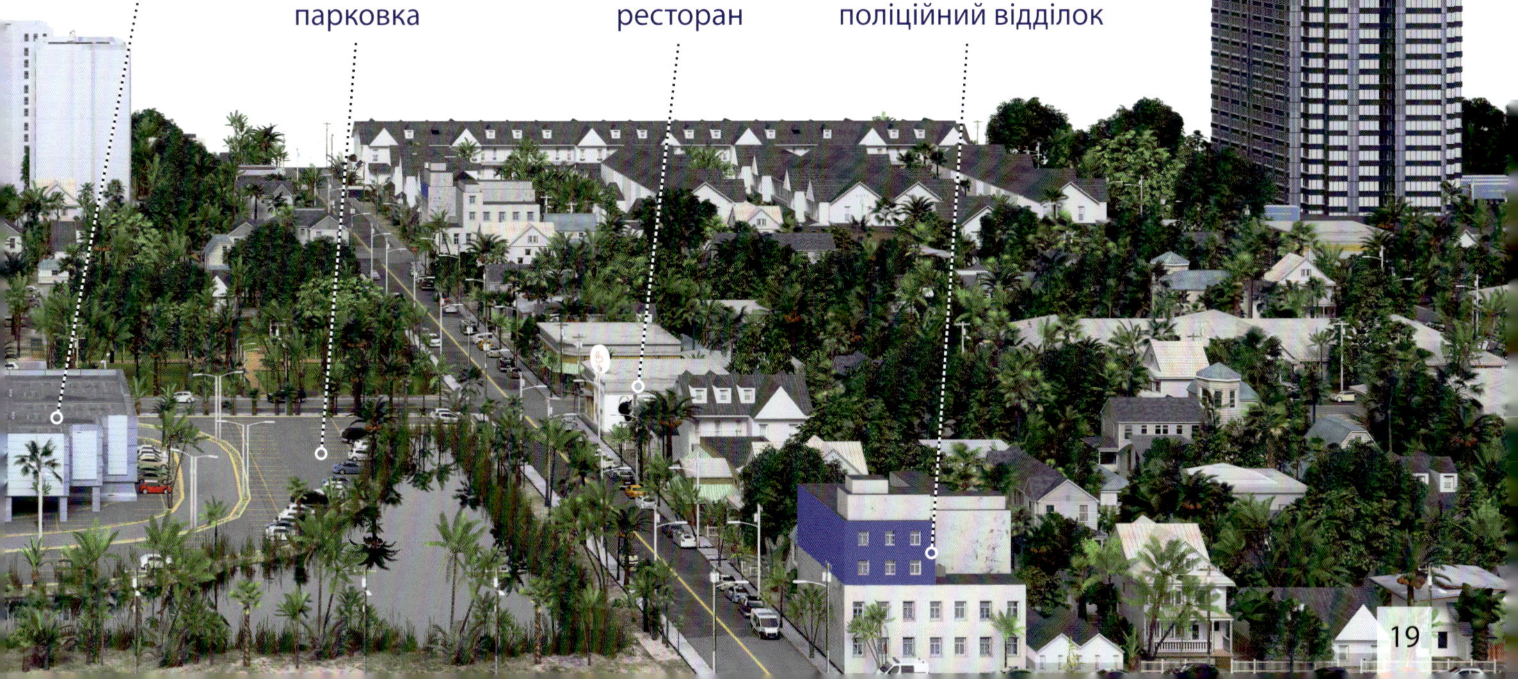

DER LANDVERKEHR НАЗЕМНИЙ ТРАНСПОРТ

das Quad
квадроцикл

der Roller
самокат

das Motorrad
мотоцикл

das Schneemobil
снігохід

das Auto
автомобіль

das Fahrrad
велосипед

der Lieferwagen
автофургон

der LKW
вантажівка

der Motorroller
моторолер

die Rolltreppe
ескалатор

das Gleis
рейки

die Zugauskunftstafel
вказівна табличка

die Planierraupe
бульдозер

die Straßenwalze
ковзанка

der Bagger
екскаватор

die Untergrundbahn
метро

die Lokomotive
локомотив

die Straßenbahn
трамвай

der Fahrkartenschalter
квиткова каса

der Zug
потяг

der Fahrplan
розклад руху

DIE LUFTFAHRT ПОВІТРЯНИЙ ТРАНСПОРТ

das Leichtflugzeug
легкий літак

der Hubschrauber
гвинтокрил

der Kofferkuli
візок для багажу

der Hängegleiter
дельтаплан

der Hangar
ангар

das Rollfeld
маневрена зона

der Passagierterminal
пасажирський аеровокзал

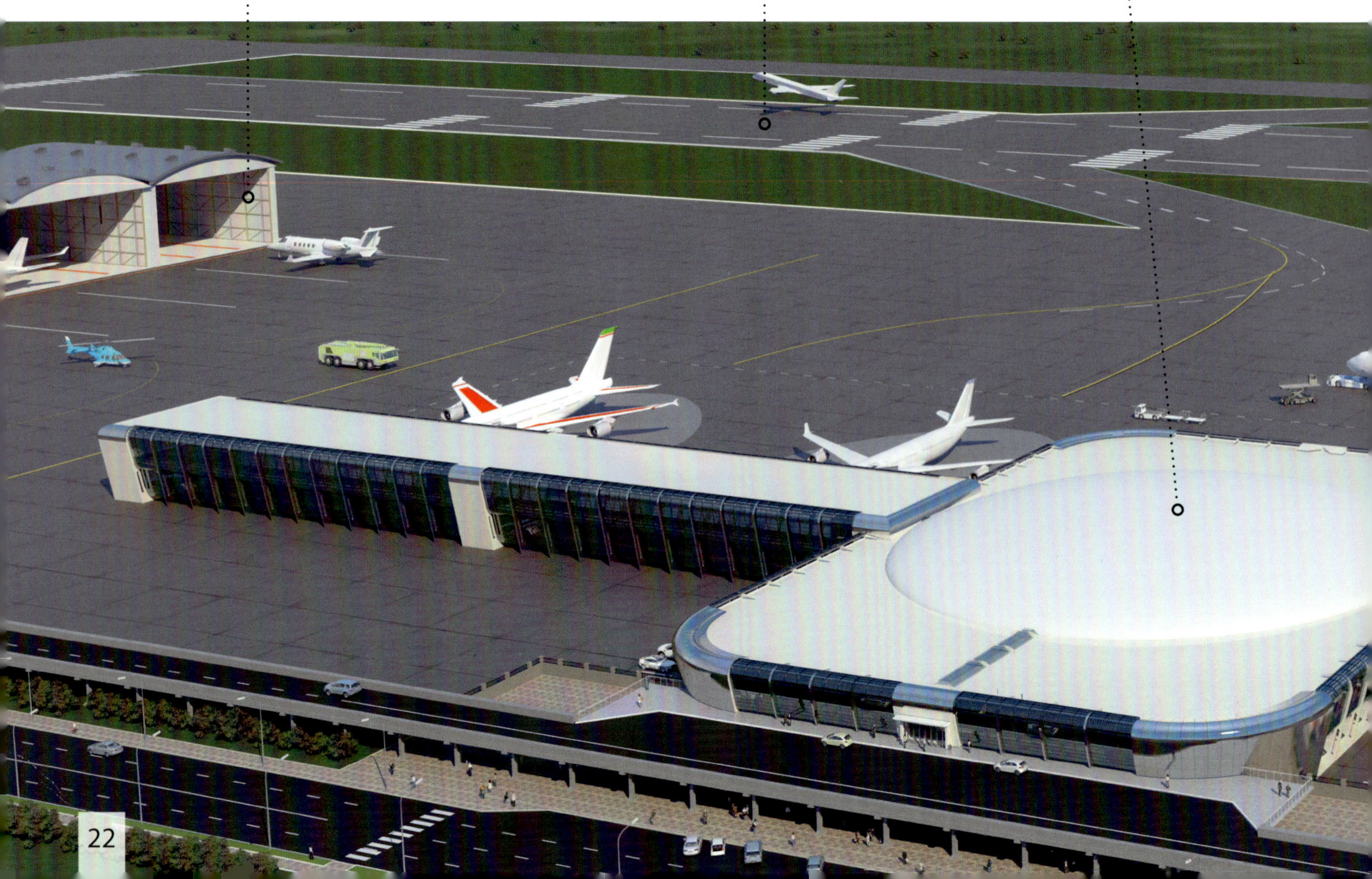

das Flugzeug
літак

das Heck
хвіст

das Triebwerk
двигун

der Bug
ніс

die Tragfläche
крило

der Flugzeugrumpf
фюзеляж

das Fahrgestell
шасі

der Ballon
повітряна куля

der Geschäftsjet
адміністративний літак

die Rollbahn
рульова доріжка

die Rollbahnmarkierung
розмітка рульової доріжки

der Kontrollturm
диспетчерська вишка

der Kontrollraum
пункт управління

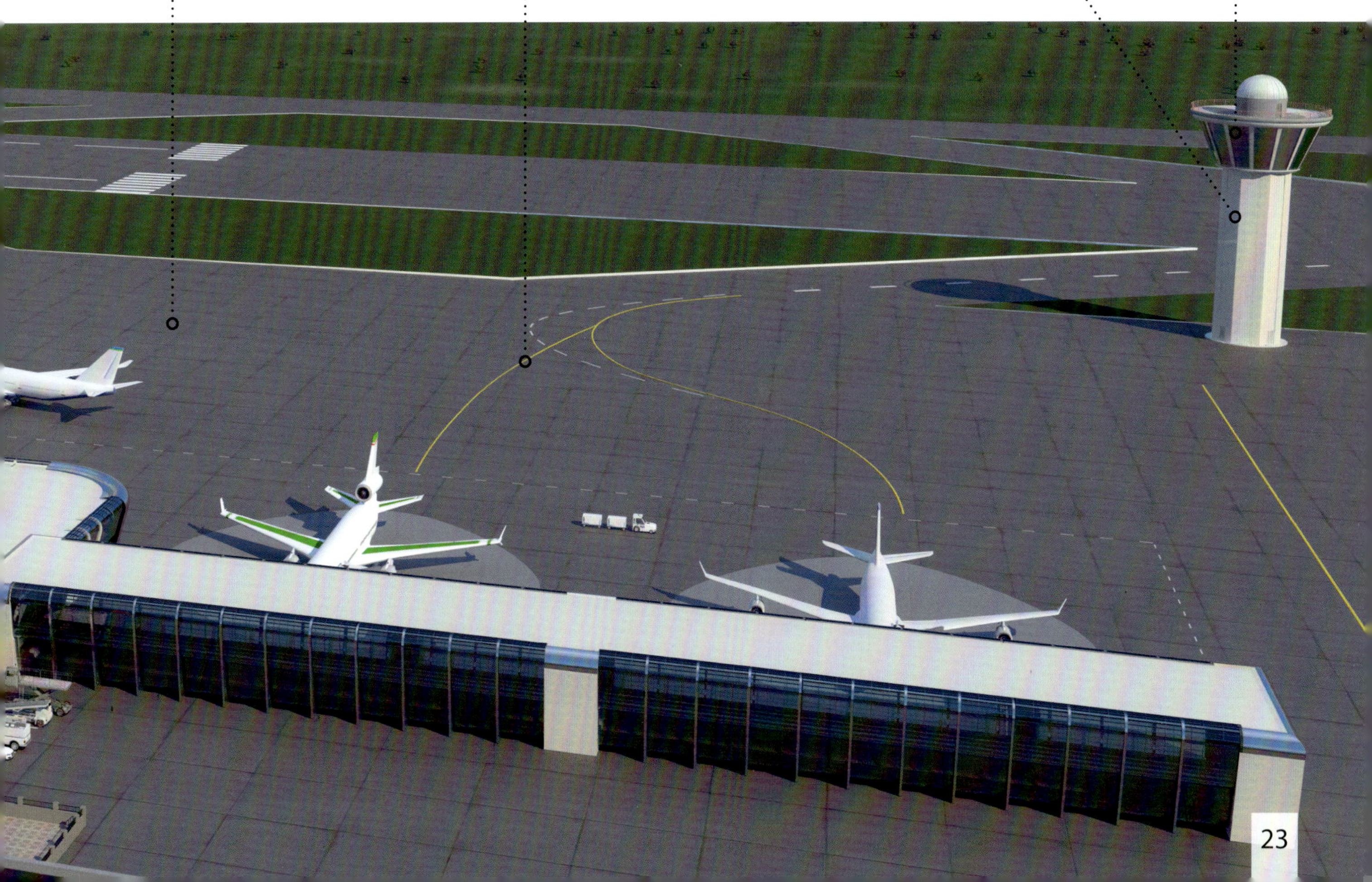

DIE SCHIFFFAHRT ВОДНИЙ ТРАНСПОРТ

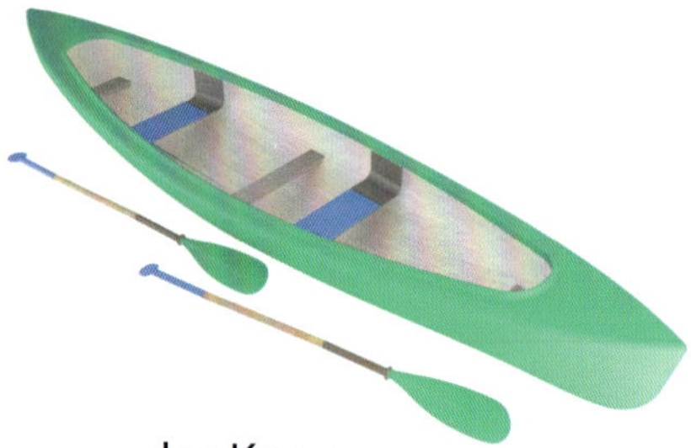

das Kanu
каное

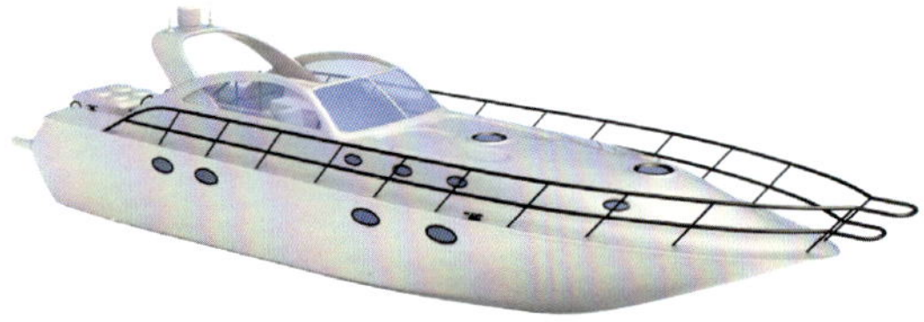

die Motorjacht
моторна яхта

der Schlepper
буксир

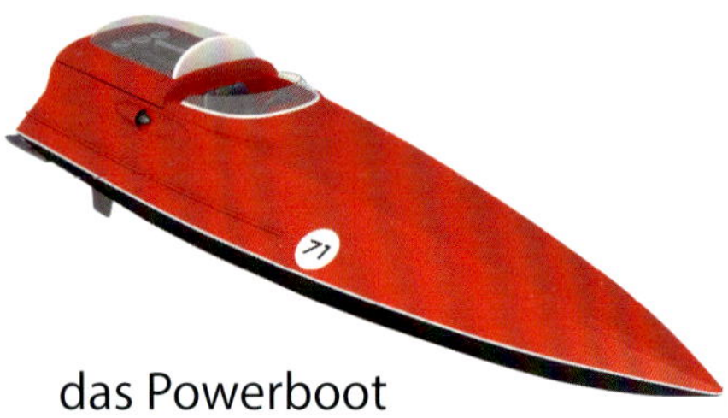

das Powerboot
спортивний катер

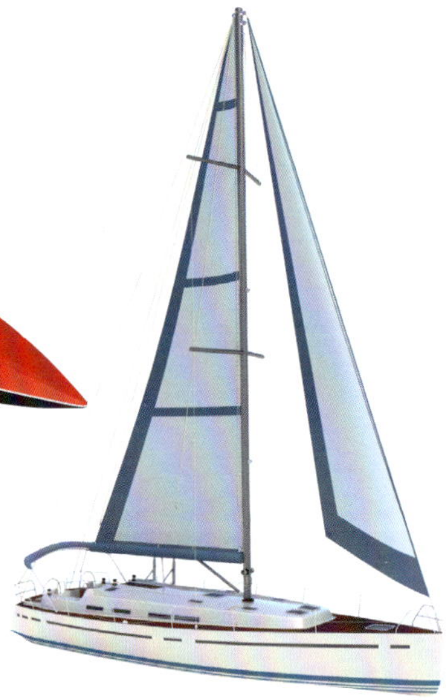

das Segelboot
парусна яхта

der Segelschoner
шхуна

die Fähre
поромне судно

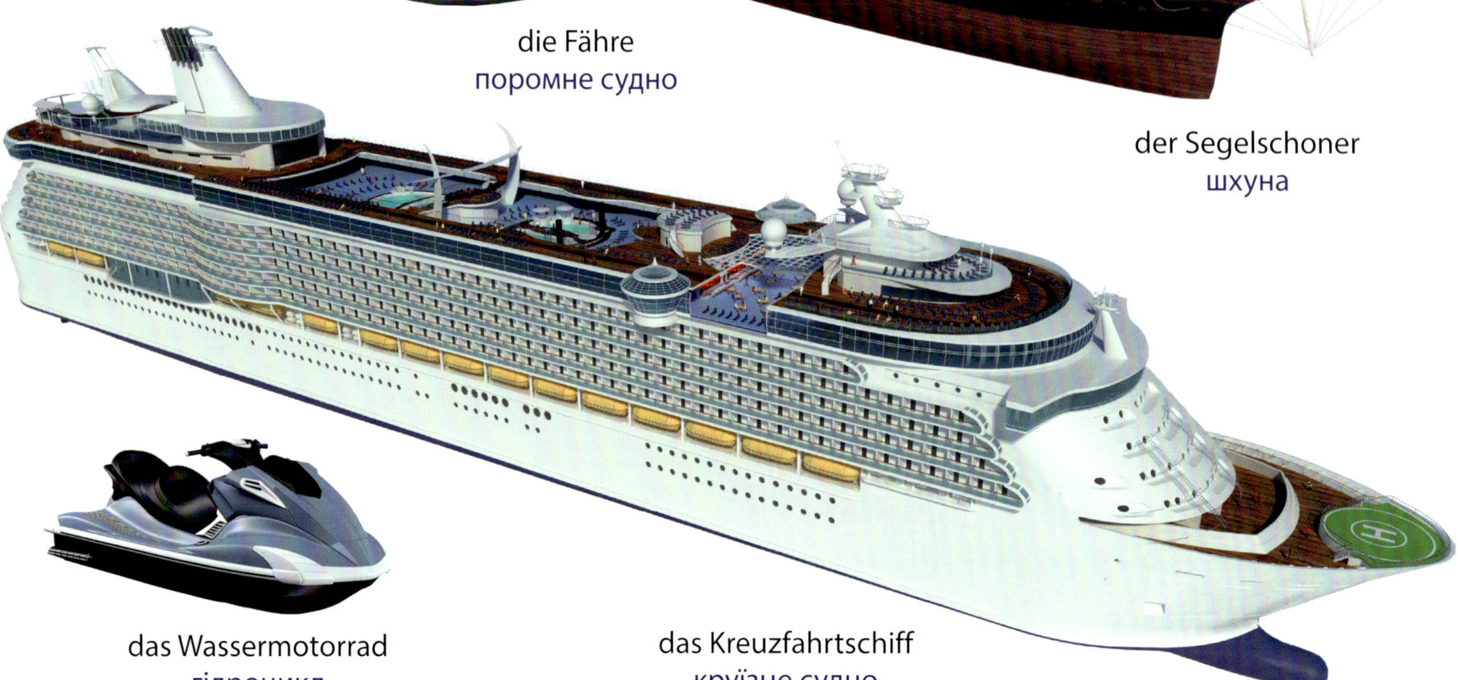

das Kreuzfahrtschiff
круїзне судно

das Wassermotorrad
гідроцикл

das Tragflächenboot
судно на підводних крилах

der Eisbrecher
криголам

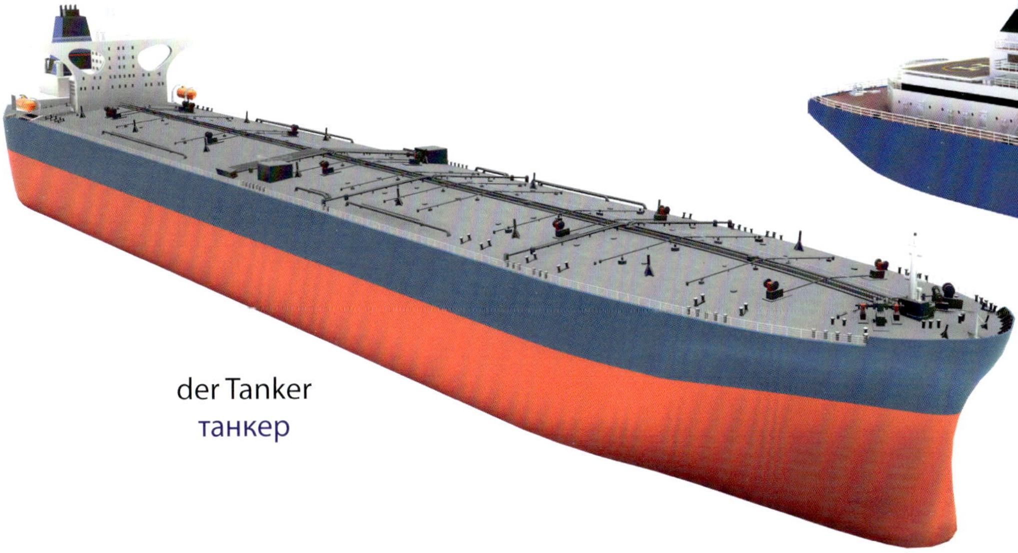

der Tanker
танкер

der Leuchtturm
маяк

der Schwimmkran
плавучий кран

das Containerschiff
контейнерне судно

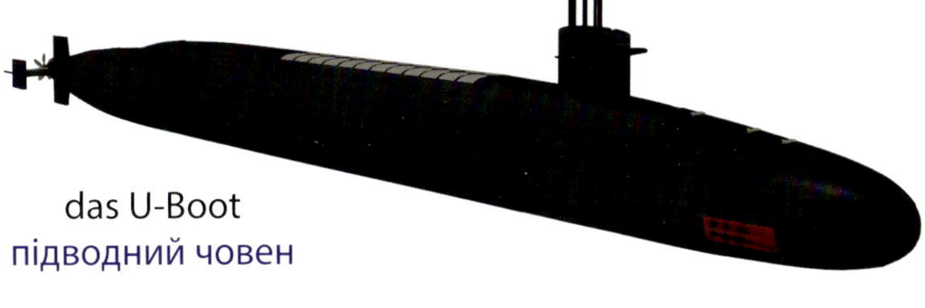

das U-Boot
підводний човен

DER SUPERMARKT УНІВЕРСАМ

der Käse
сир

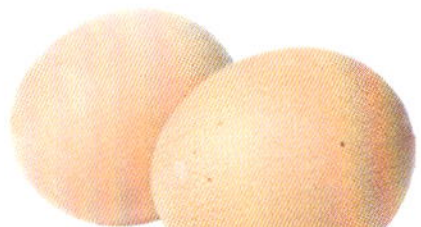

die Eier
яйця

der Joghurt
йогурт

die Milch
молоко

die Butter
вершкове масло

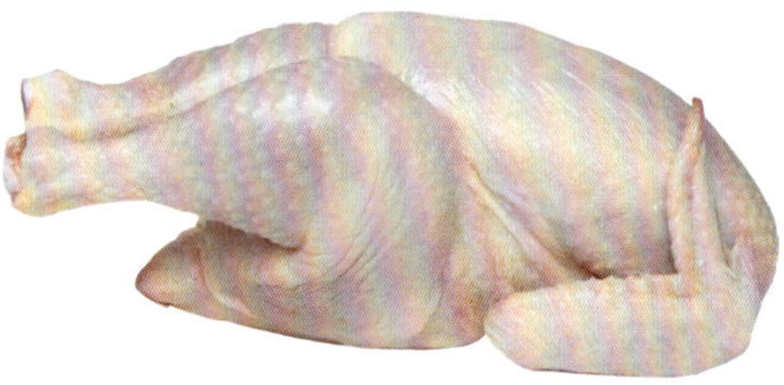

das Hähnchen
курятина

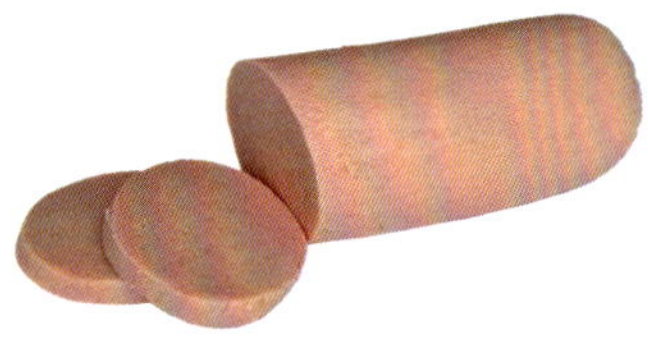

die Wurst
ковбаса

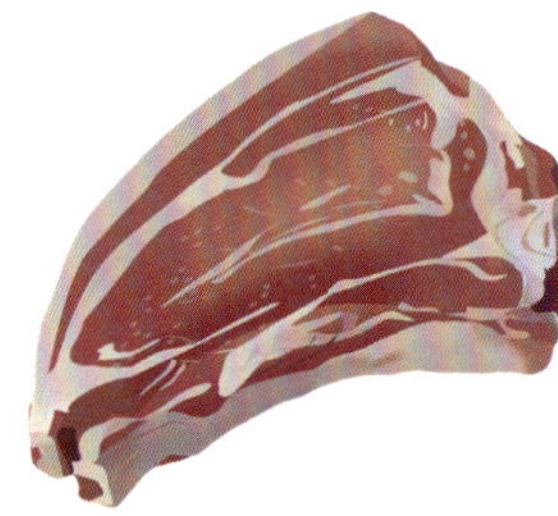

das Fleisch
м'ясо

die Würstchen
сосиски

die Walnuss
волоський горіх

der Fisch
риба

der Konservenfisch
рибні консерви

die Pilze
гриби

das Weißbrot
пшеничний хліб

das Roggenbrot
житній хліб

das Baguette
багет

das Brötchen
булочка

die Brezel
брецель

das Croissant
круасан

der Reis
рис

die Bohnen
квасоля

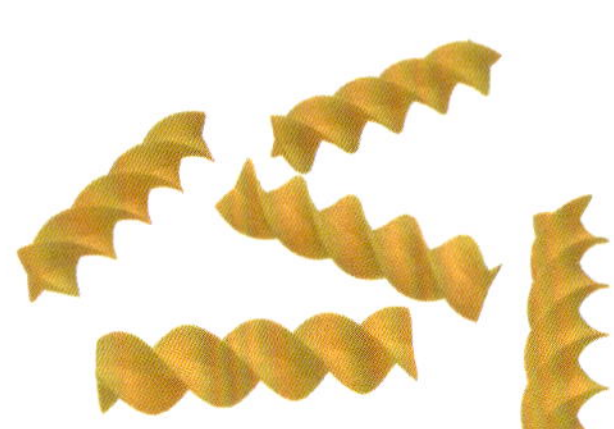

die Nudeln
макарони

der Keks
печиво

der Essig
оцет

der Saft
сік

das/der Ketchup
кетчуп

die Mayonnaise
майонез

die Limonade
лимонад

das Mineralwasser
мінеральна вода

die Bonbons
льодяники

die Schokolade
шоколад

der Honig
мед

das Schicht-Gelee
мармелад

die Konfitüre
джем

der schwarze Pfeffer
чорний перець

das Obst und Gemüse
овочі та фрукти

die Kassiererin
касир

der Einkaufswagen
візок

die Backwaren
хлібобулочні вироби

die Getränke
напої

die Kühlvitrine
холодильна вітрина

DER MARKT РИНОК

die Honigmelone
біла мускатна диня

die Ananas
ананас

die Wassermelone
кавун

der Kürbis
гарбуз

die Kiwi
ківі

die Kirsche
черешня

die Apfelsine
апельсин

der Pfirsich
персик

die Aprikose
абрикос

die Erdbeere
полуниця

das Fruchtfleisch
м'якоть

die Bananenschale
шкірка

die Banane
банан

die Grapefruit
грейпфрут

die Weintraube
виноград

die Himbeere
малина

die Zitrone
лимон

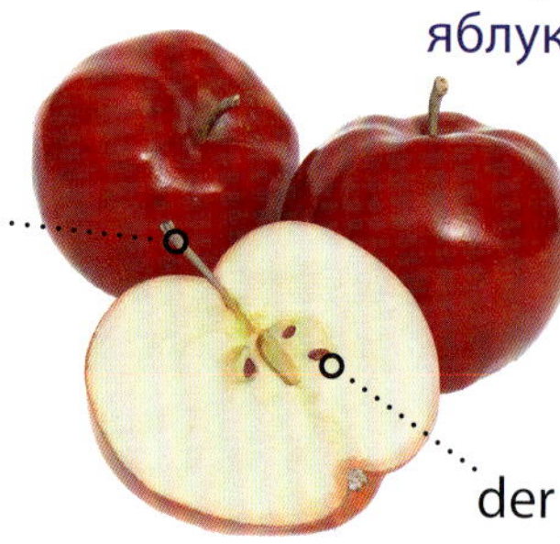

der Apfel
яблуко

der Stiel
стебло

der Kern
насіння

der Schnittlauch
зелена цибуля

der Knoblauch
часник

die Speisezwiebel
ріпчаста цибуля

die Gurke
огірок

die Aubergine
баклажан

der Brokkoli
броколі

die Avocado
авокадо

die Tomate
помідор

die Oliven
оливки

der Rosenkohl
брюссельська
капуста

der Grünkohl
капуста листова

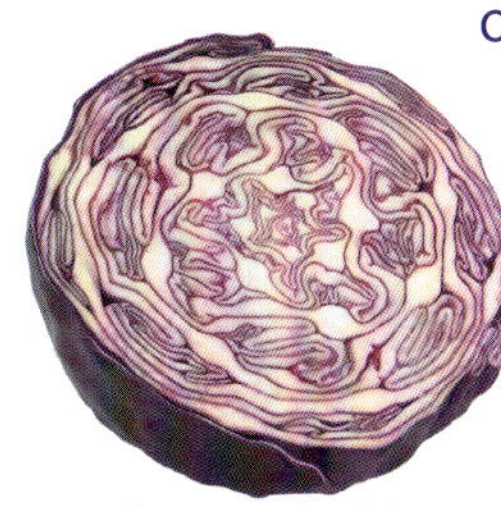

der Rotkohl
червонокачанна
капуста

der Wirsing
савойська капуста

der Spinat
шпинат

der Kopfsalat
салат латук

das Radieschen
редис

der Spargel
спаржа

die Karotte
морква

die Rübe
ріпа

die Kartoffel
картопля

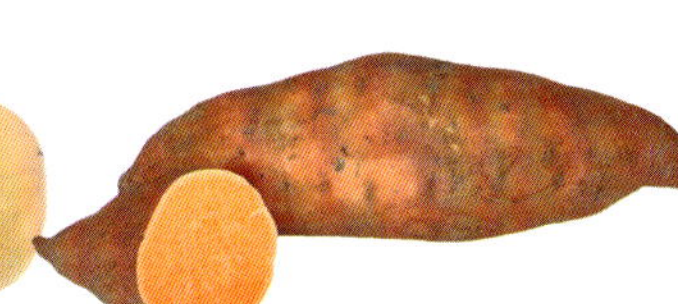

die Süßkartoffel
батат

DAS ESSEN ЇЖА

der/das Hotdog
хот-дог

die Pizza
піца

der Putenbraten
смажена індичка

das Popcorn
попкорн

das Sandwich
сендвіч

der Hamburger
гамбургер

die China-Nudeln
китайська локшина

der Wrap
сендвіч-рап

die Pommes
картопля фрі

die Bratwurst
сосиска

das Sushi
суші

Chips und Dip
начо з соусом

die Chips
чипси

die Tofusuppe
суп тофу

die Tomatensuppe
томатний суп

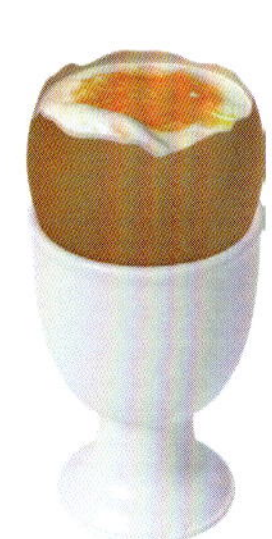

das weichgekochte Ei
некруто зварене яйце

das Spiegelei
смажене яйце

der Pfannkuchen
оладки

der Donut
донат

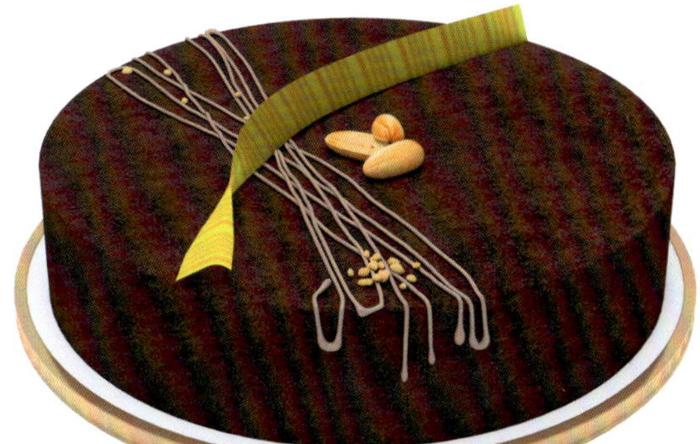

die Schokoladentorte
шоколадний торт

das Eis
морозиво

der Kaffee
кава

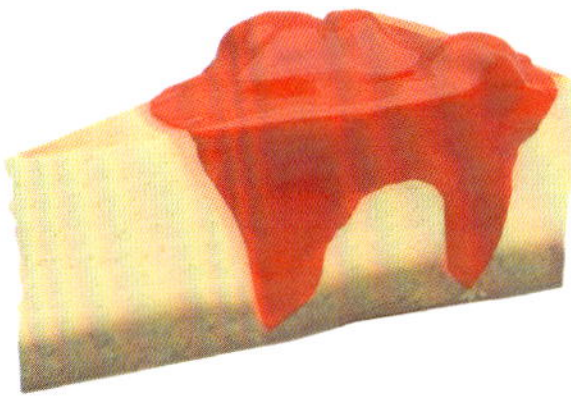

der Käsekuchen
чизкейк

der Cappuccino
капучино

der Heidelbeerkuchen
пиріг з чорницями

das Müsli
мюслі

die Spaghetti mit Sauce
спагеті болоньєзе

der Tee
чай

der Milchshake
молочний коктейль

die Gemüsecremesuppe
овочевий крем-суп

der Salat
салат

DER WALD ЛІС

der Bär
ведмідь

der Elch
лось

der Wapiti
вапіті

der Wolf
вовк

der Igel
їжачок

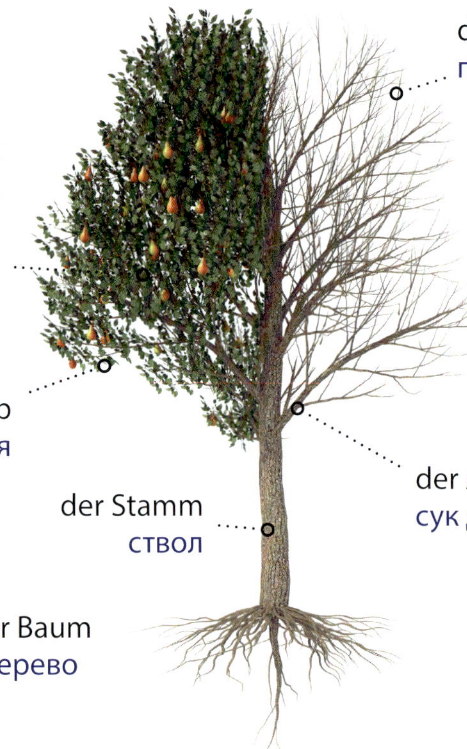

der Zweig
гілка

die Frucht
плід

das Laub
листя

der Ast
сук дерева

der Stamm
ствол

der Baum
дерево

das Damwild
лань

der Gerfalke
кречет

die Eule
сова

der Specht
дятел

der Sperling
горобець

die Drossel
дрозд

der Dachs
борсук

der Biber
бобер

der Waschbär
єнот

der Fuchs
лисиця

das Reh
козуля

die Wildkatze
дика кішка

das Eichhörnchen
білка

der Käfer
жук

der Hase
заєць

das Wildschwein
дикий кабан

DIE SAVANNE САВАНА

der Gecko
гекон

die Springmaus
тушканчик

das Chamäleon
хамелеон

die Schlange
змія

der Strauß
страус

der Affe
мавпа

der Skorpion
скорпіон

das Kamel
верблюд

der Elefant
слон

die Spinne
павук

die Giraffe
жираф

der Adler
орел

die Gazelle
газель

der Tiger
тигр

der Kondor
кондор

die Antilope
антилопа

das Känguru
кенгуру

die Hyäne
гієна

das Zebra
зебра

das Flusspferd
бегемот

der Löwe
лев

der Puma
пума

DER STRAND ПЛЯЖ

die Sonne
сонце

die Sonnenbrille
сонцезахисні окуляри

die Taucherbrille
маска

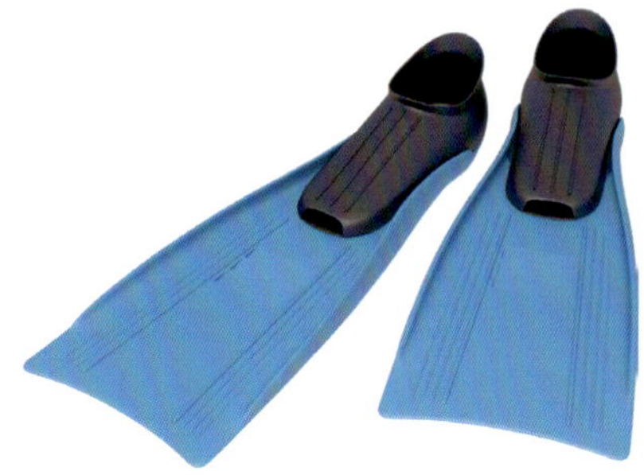

die Flossen
ласти

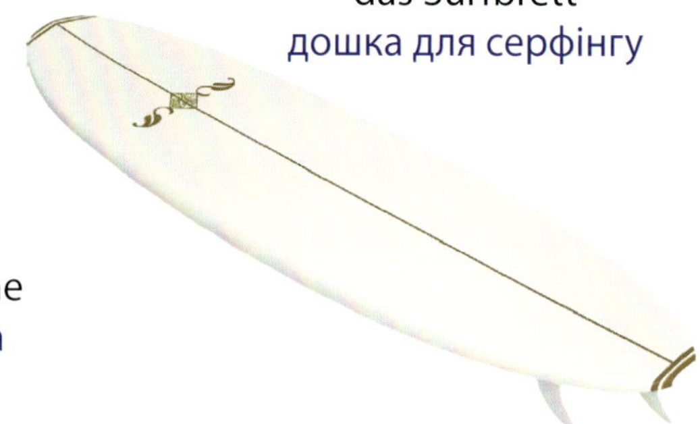

das Surfbrett
дошка для серфінгу

das Scherenbein
клешненосна кінцівка

die Krabbe
краб

das Segel
вітрило

der Mast
щогла

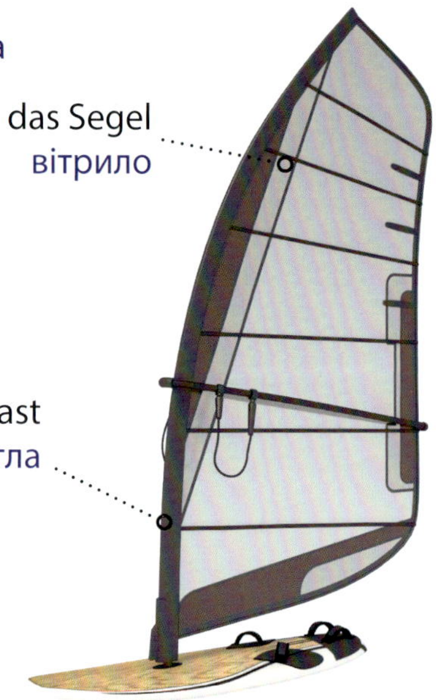

Windsurfbrett
дошка для віндсерфінгу

die Palme
пальма

der Taucher
аквалангіст

die Miesmuschel
мідія

die Kammmuschel
морський гребінець

der Sonnenschirm
парасолька

die Liege
лежак

das aufblasbare Spielzeug
надувна іграшка

die Seeschwalbe
крачка

der Delfin
дельфін

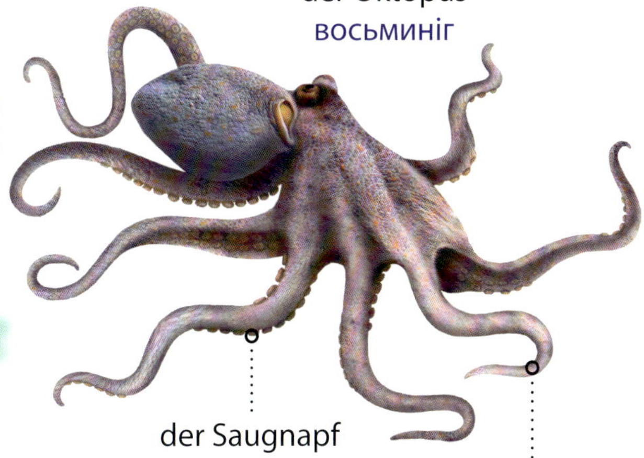

der Oktopus
восьминіг

der Saugnapf
присосок

der Tentakel
щупальце

der Rochen
скат

der Kehlsack
горловий мішок

der Pelikan
пелікан

die Schwimmhaut
перетинки

die Möwe
чайка

der Hai
акула

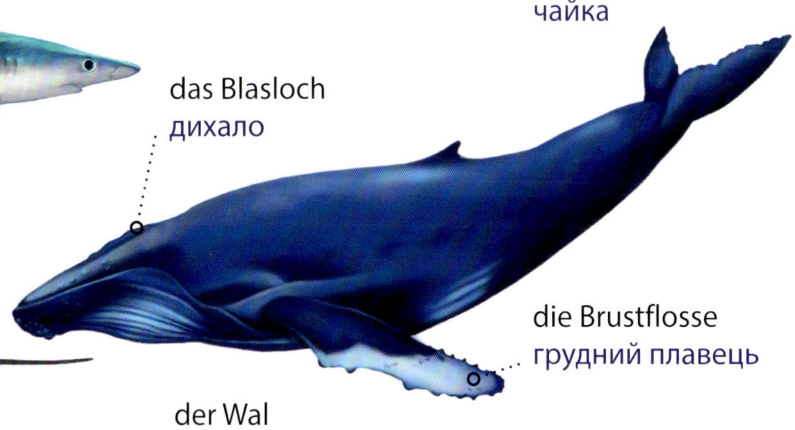

das Blasloch
дихало

die Brustflosse
грудний плавець

der Wal
кит

der Schwertfisch
риба-меч

das Schiff
судно

der Ball
м'яч

der Schwimmreifen
надувне коло

die Insel
острів

DAS CAMPING КЕМПІНГ

der Klapptisch
розкладний стіл

die Klappbank
розкладна лава

der Terrassenschirm
парасолька для тераси

die Kühltasche
сумка холодильник

der Liegestuhl
шезлонг

das Taschenmesser
складаний ніж

der Rucksack
рюкзак

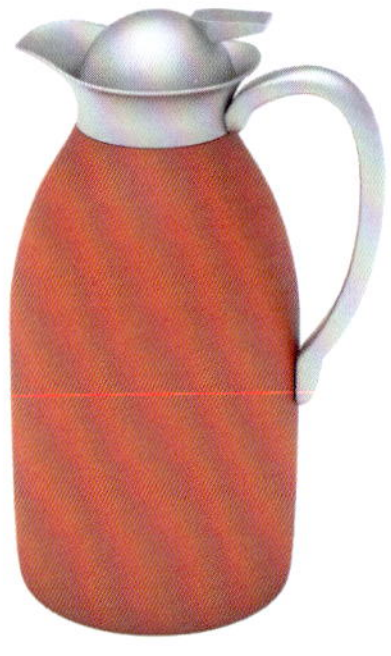

die Thermoskanne
термос

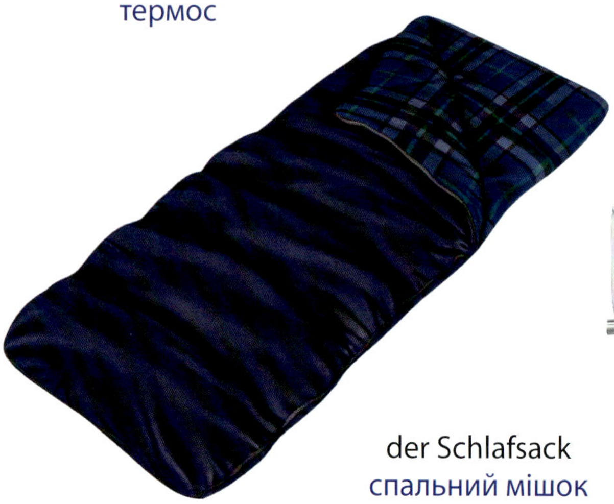

der Schlafsack
спальний мішок

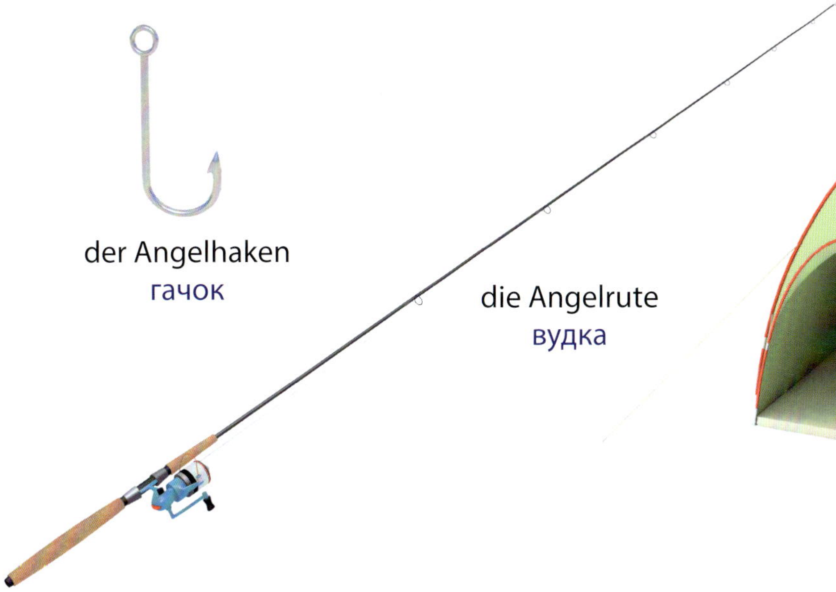

der Angelhaken
гачок

die Angelrute
вудка

das Zelt
намет

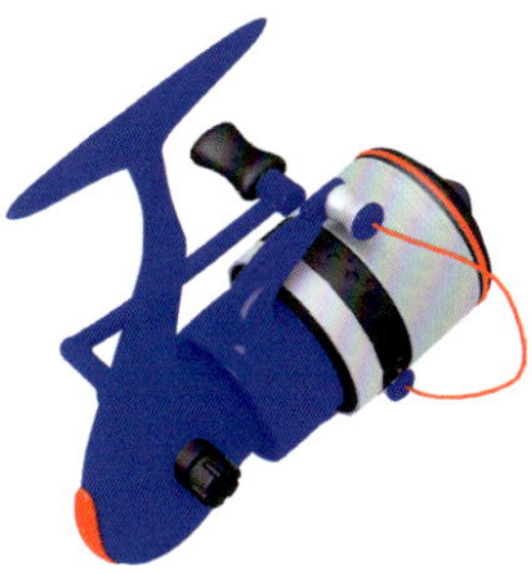

die Angelrolle
котушка

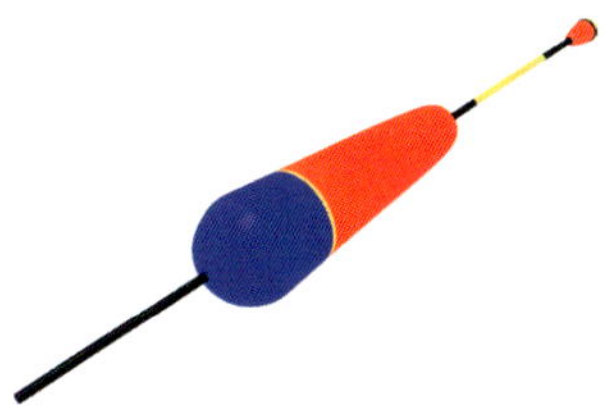

der Schwimmer
поплавок

die Taschenlampe
ліхтарик

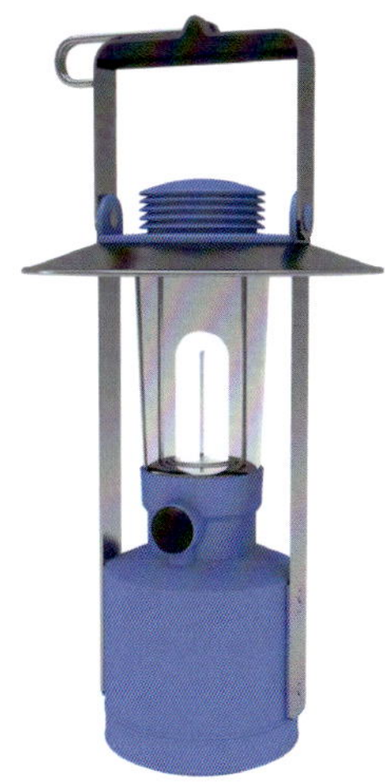

die Laterne
ліхтар

der Klapphocker
складний стілець

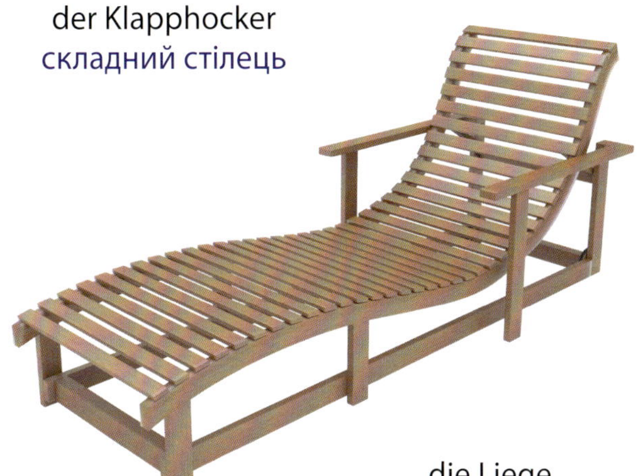

die Liege
лежак

das Wohnmobil
будинок на колесах

DIE MUSIK МУЗИКА

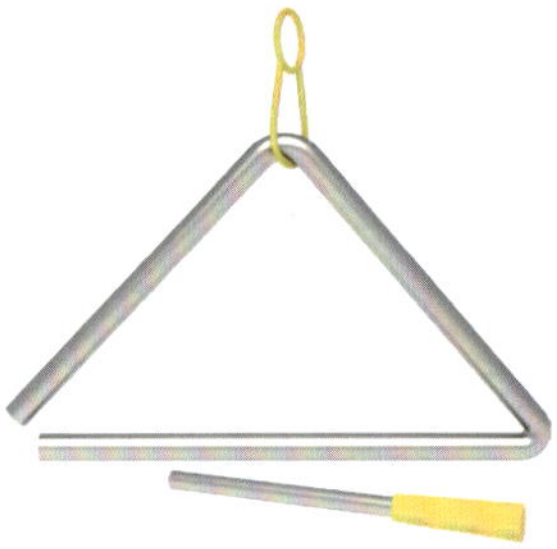

die Triangel
музичний трикутник

die Klarinette
кларнет

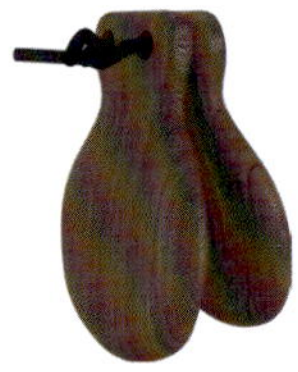

die Kastagnetten
кастаньєти

das Klavier
піаніно

das Saxophon
саксофон

die Harfe
арфа

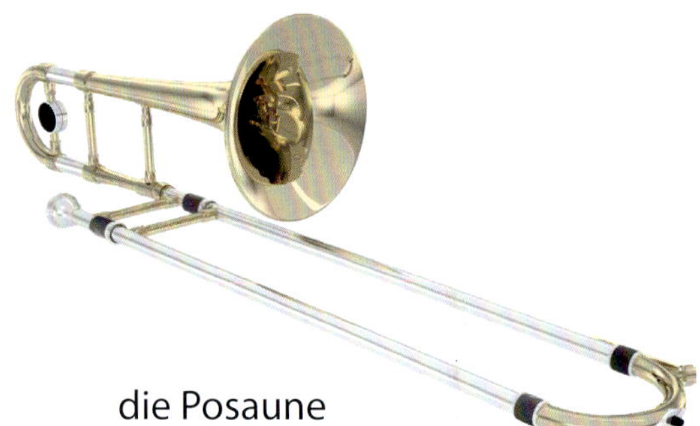

die Posaune
тромбон

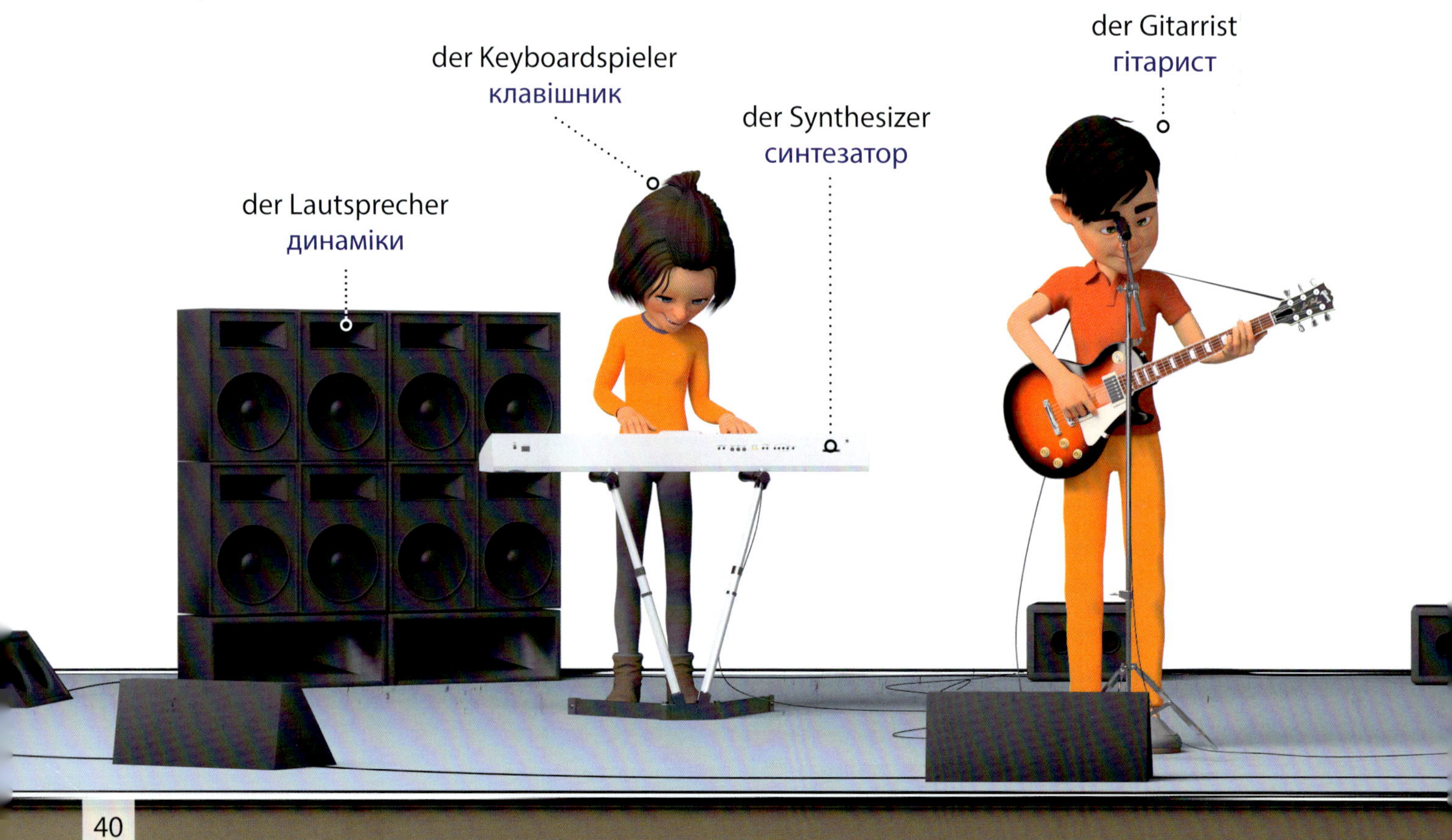

die Tuba
туба

die E-Gitarre
електрогітара

die Akustikgitarre
акустична гітара

die Geige
скрипка

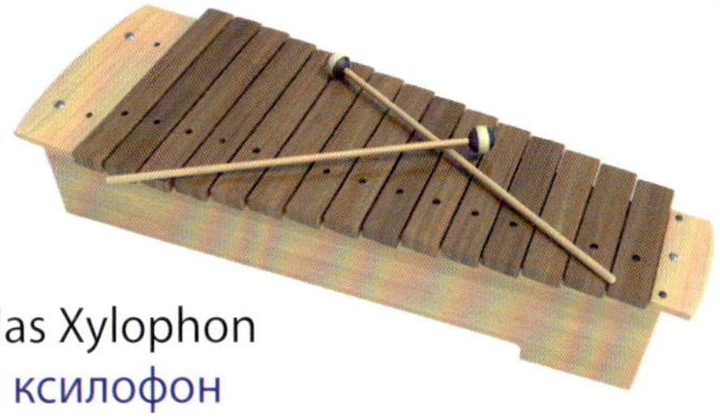

das Xylophon
ксилофон

die Panflöte
флейта Пана

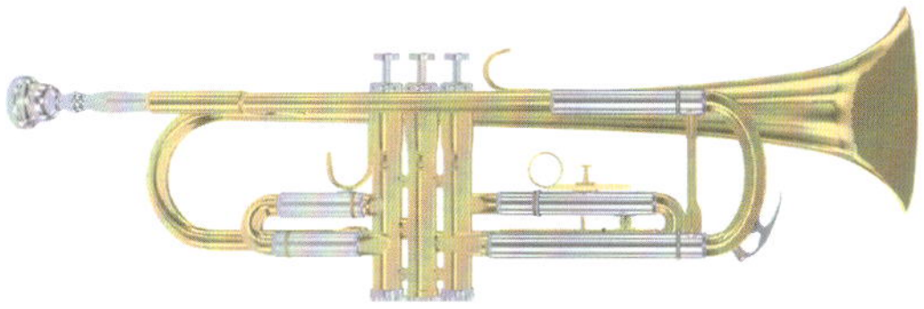

die Trompete
труба

die Trommelstöcke
барабанні палички

die Bongos
бонґо

die Blockflöte
блок флейта

SPORT СПОРТ

das Boxen
бокс

das Basketball
баскетбол

das Eishockey
хокей з шайбою

der Schläger
тенісна ракетка

das Tennis
теніс

der Fußball
футбол

der Golfschläger
ключка для гольфу

der Golfball
м'яч для гри в гольф

das Golf
гольф

die Gymnastik
гімнастика

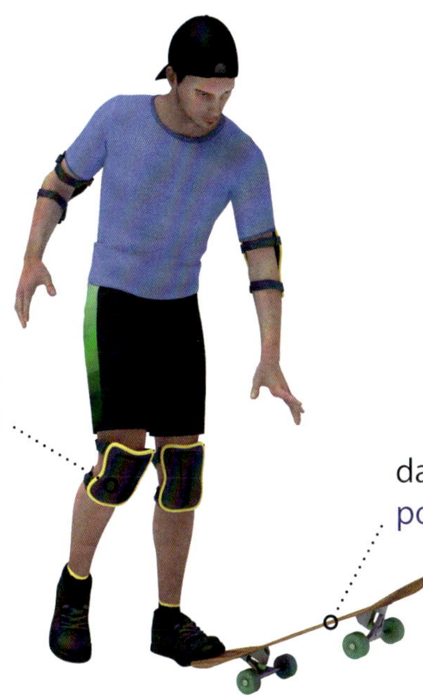

die Protektoren
захисні щитки

das Skateboard
роликова дошка

das Skateboarding
роликобіжний спорт

das Pferderennen
стрибки

der Schlittschuh
ковзани

der Eiskunstlauf
фігурне катання

DIE UNTERHALTUNG РОЗВАГИ

das Damespiel
шашки

das Darts
дартс

das Schach
шахи

der Kegel
кегля

die Bowlingkugel
шар для боулінгу

der Dartpfeil
дротик

das Feuerwehrauto
пожежна машина

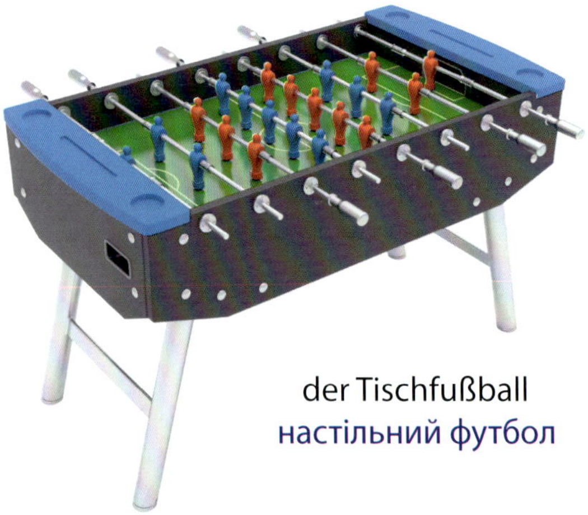

der Tischfußball
настільний футбол

der Airhockeytisch
аерохокей

die Achterbahn
американські гірки

die Schaukeln
гойдалка

das Schwimmbecken
басейн

die Wasserrutsche
водна гірка

das Klettergerüst
дитяча гірка

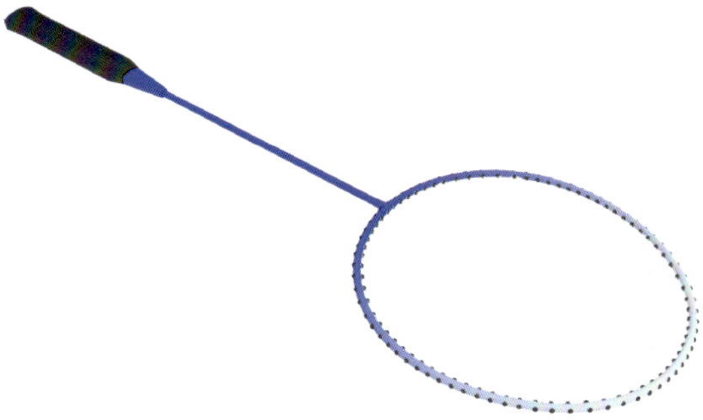

der Badmintonschläger
ракетка для бадмінтону

das Spielzeug
іграшка

der Federball
волан

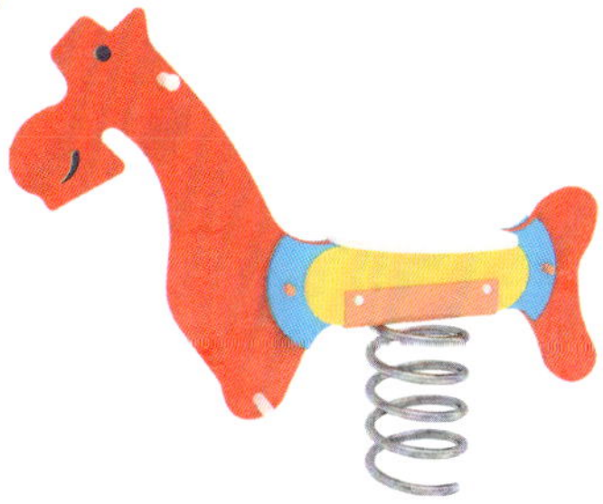

die Federwippe
качалкана пружині

das Dreirad
триколісний велосипед

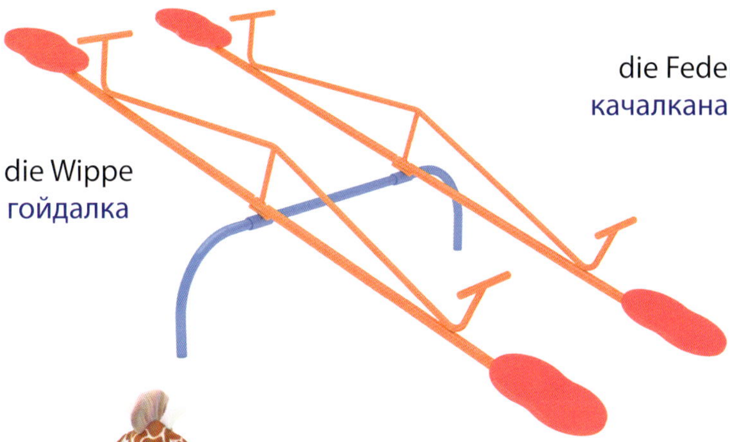

die Wippe
гойдалка

das Karussell
карусель

das Stofftier
м'яка іграшка

die Rutsche
гірка

DIE BERUFE ПРОФЕСІЇ

die Sekretärin
секретар

der Geschäftsmann
підприємець

der Arzt
лікар

die Wissenschaftlerin
вчений

die Kassiererin
касир

der Koch
кухар

die Krankenschwester
медсестра

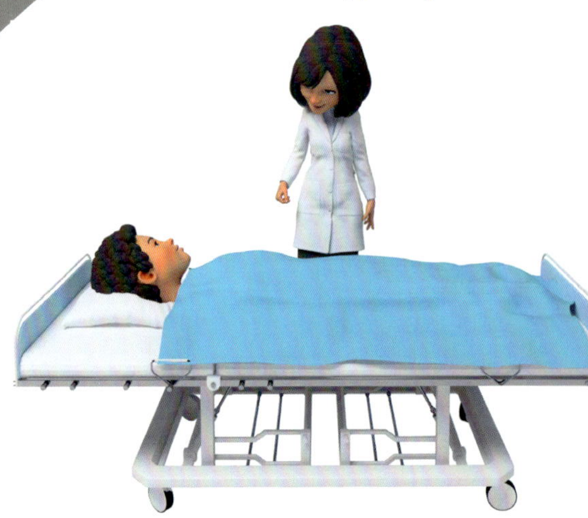

der Zimmermann
тесляр

der Straßenbauarbeiter
дорожній робітник

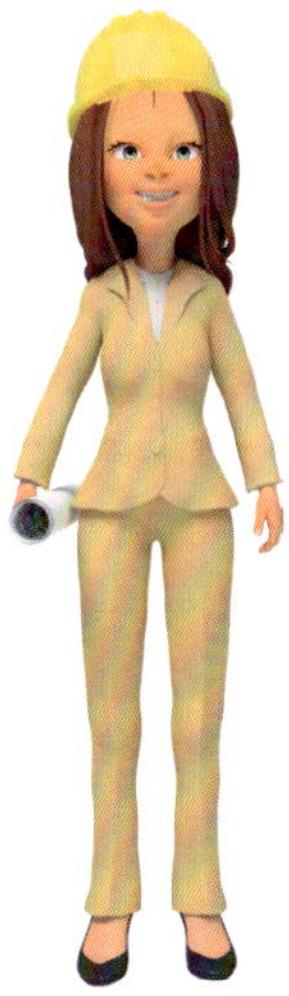
die Architektin
архітектор

der Ingenieur
інженер

der Bauarbeiter
будівельник

die Flugbegleiterin
бортпровідниця

der Pilot
пілот

der Fischer
рибалка

der Arbeiter
робітник

die Tänzerin
танцівниця

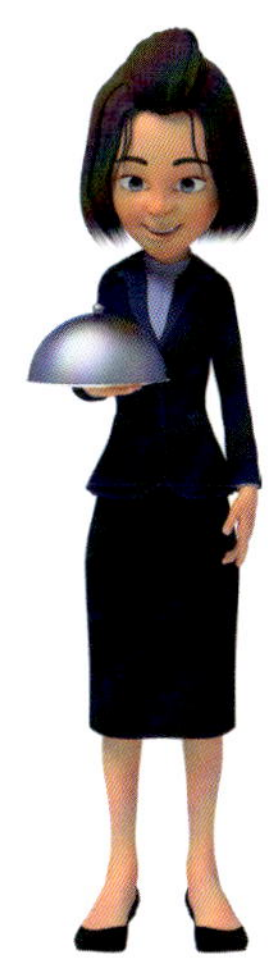
die Kellnerin
офіціантка

der Maler
маляр

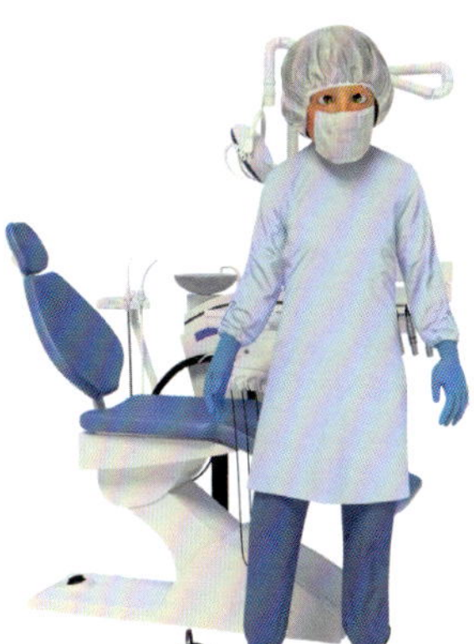
der Zahnarzt
стоматолог

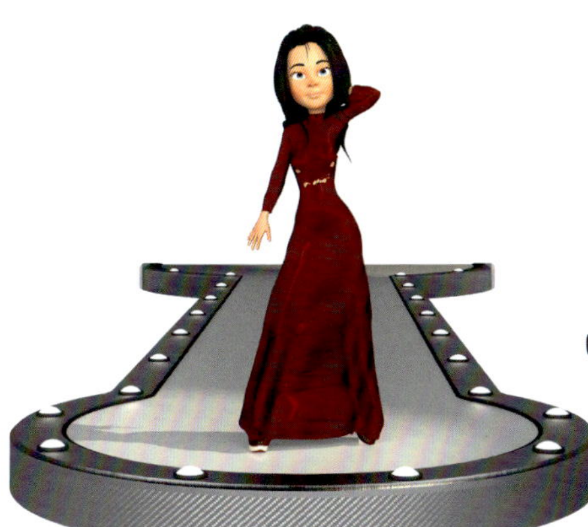
das Model
модель

der Fotograf
фотограф

die Friseurin
перукар

DIE TECHNIK ТЕХНІКА

der Spielecontroller
ігровий контролер

der Fotoapparat
фотоапарат

der Bildschirm
дисплей

der Laptop
ноутбук

das Touchpad
тачпад

das Smartphone
смартфон

die Maus
миша

der MP3-Spieler
MP3-програвач

der Desktop-Computer
настільний комп'ютер

die Tastatur
клавіатура

das Headset
гарнітура

der Programmierer
програміст

der E-Book-Reader
електронна книга

das Tablet
планшет

DER STANDORT РОЗТАШУВАННЯ

hinter
позаду

vor
перед

gegenüber
навпаки

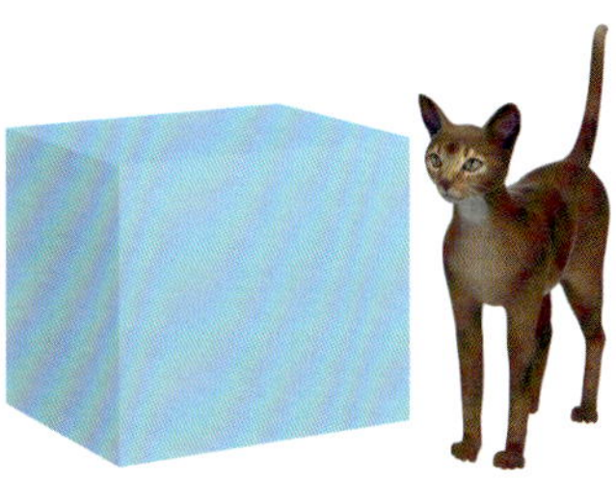

nah
поруч

in
в

zwischen
між

hinauf
вгору

herab
вниз

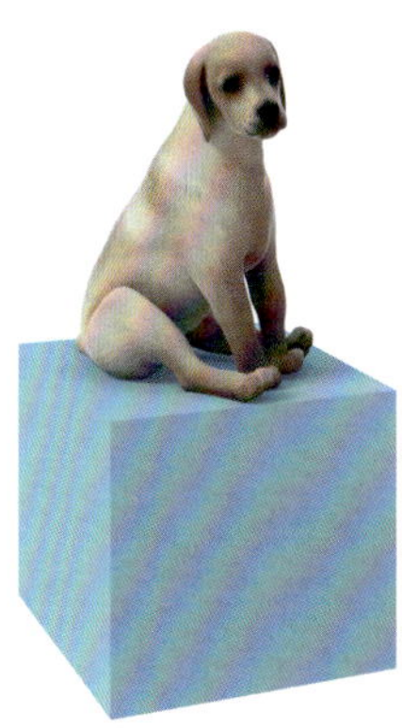

auf
на

neben
поряд

unter
під

EMOTIONEN ЕМОЦІЇ

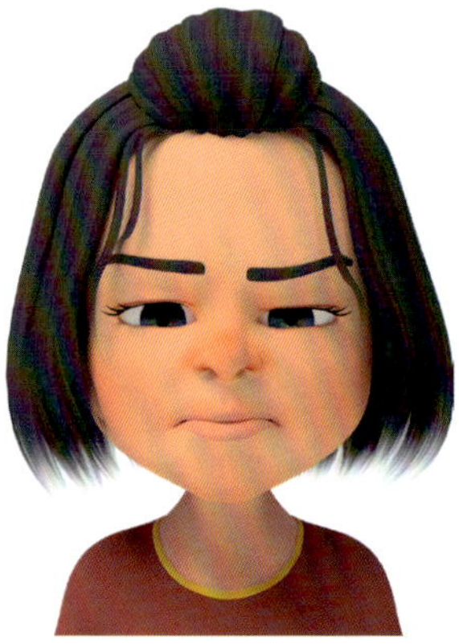

leiden
страждати

lächeln
посміхатися

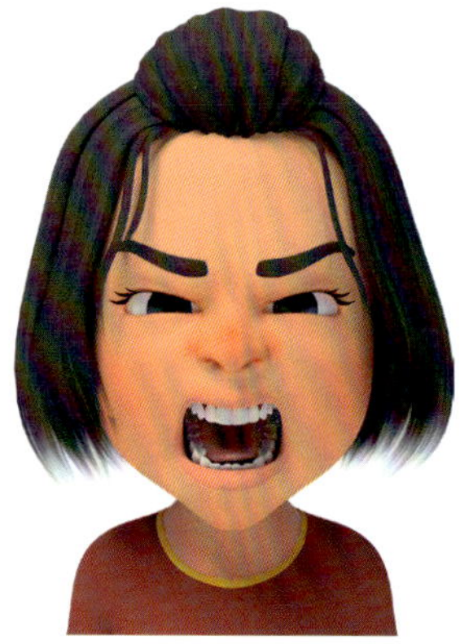

schreien
кричати

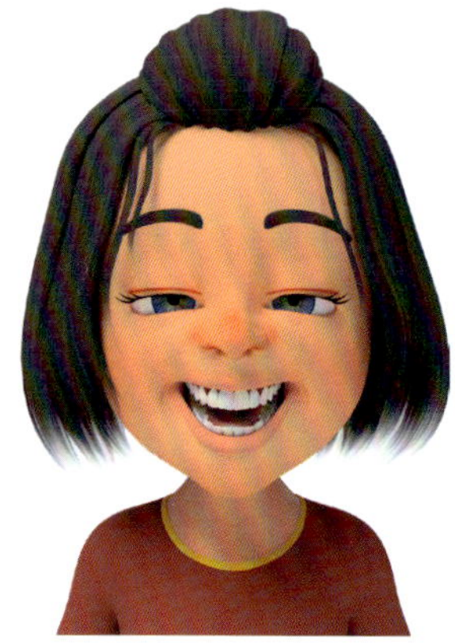

lachen
сміятися

froh
веселий

trüb
похмурий

verwirrt
збентежений

traurig
сумний

erstaunt
здивований

zornig
гнівний

ängstlich
зляканий

AKTIVITÄTEN ДІЇ

gehen
йти

laufen
бігти

sitzen
сидіти

liegen
лежати

springen
стрибати

hocken
сидіти навпочіпки

lesen
читати

krabbeln
повзти

DIE SCHULE ШКОЛА

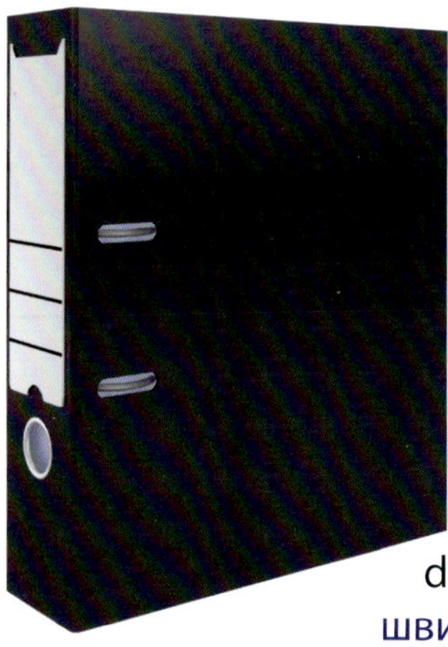

der Ordner
швидкозшивач

die Reißzwecken
канцелярські кнопки

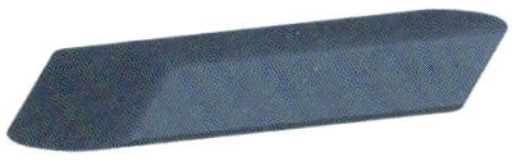

der Radierer
гумка

der Anspitzer
точилка

der Taschenrechner
кишеньковий калькулятор

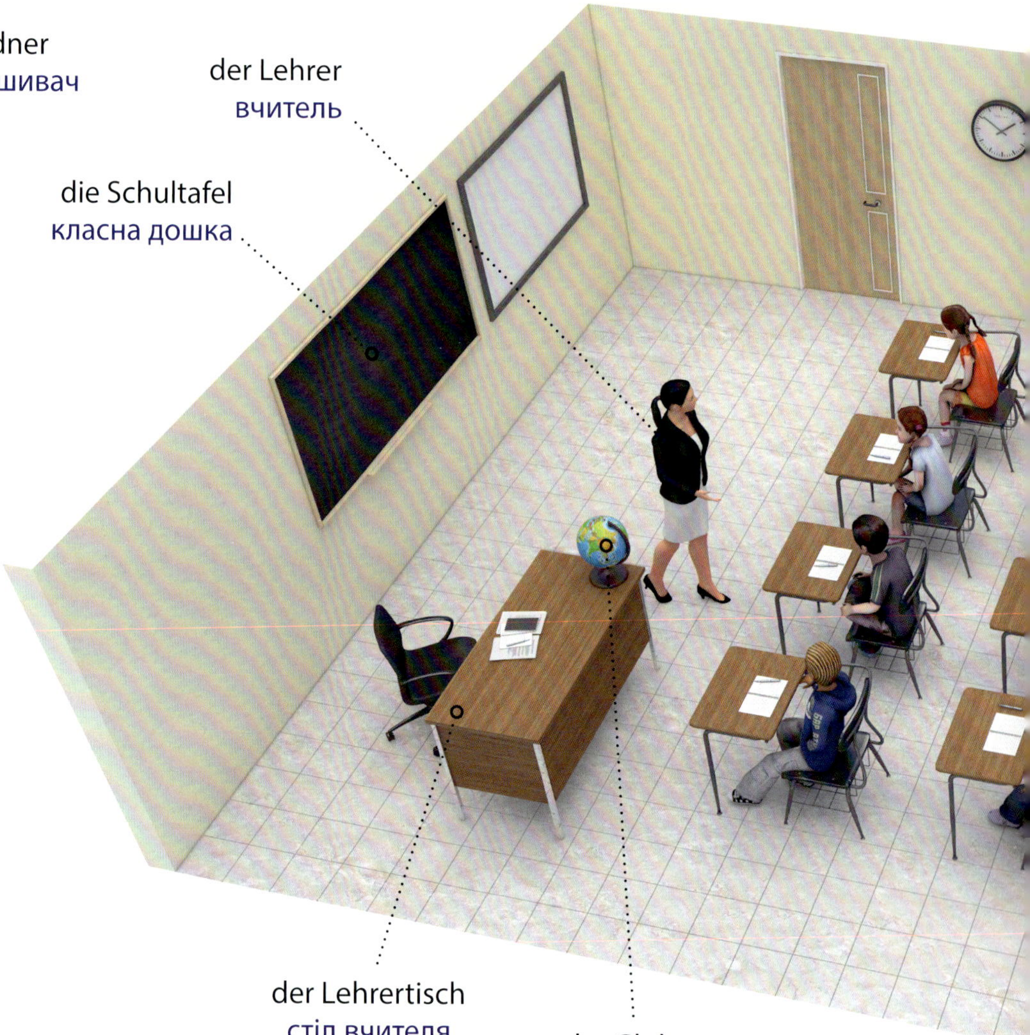

der Lehrer
вчитель

die Schultafel
класна дошка

der Lehrertisch
стіл вчителя

der Globus
глобус

die Büroklammern
скріпки

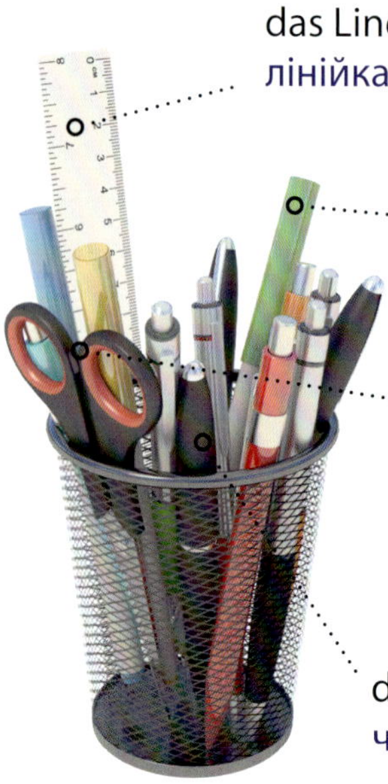

das Lineal
лінійка

der Filzstift
фломастер

die Schere
ножиці

der Füller
чорнильна ручка

der Winkelmesser
креслярський косинець

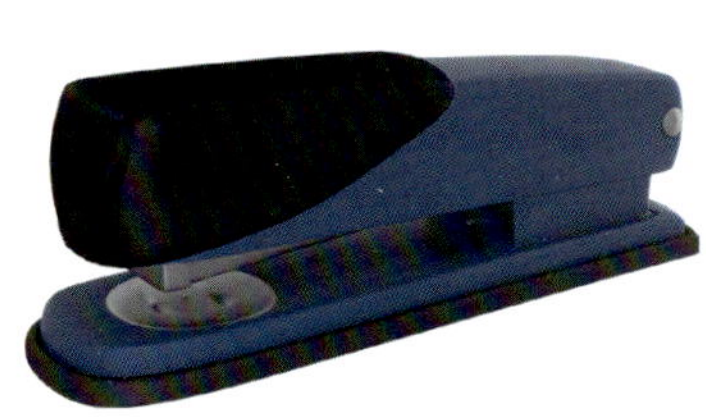

der Hefter
степлер

der Bleistift
олівець

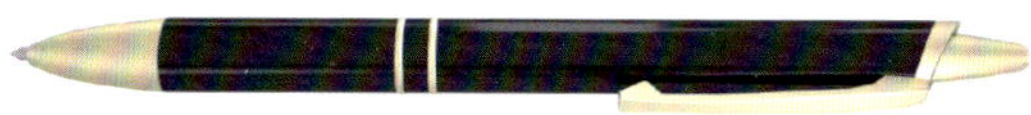

der Kugelschreiber
кулькова ручка

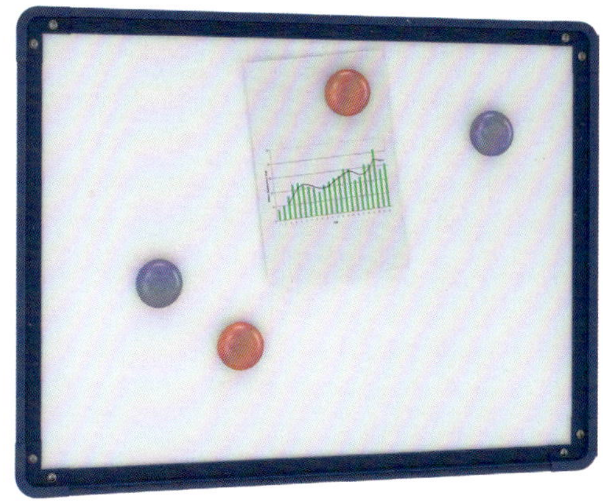

die Magnettafel
магнітна дошка

schwarzes Brett
дошка оголошень

die Schülerin
учениця

die Schulbank
парта

der Locher
діркопробивач

der Klebestift
клей олівець

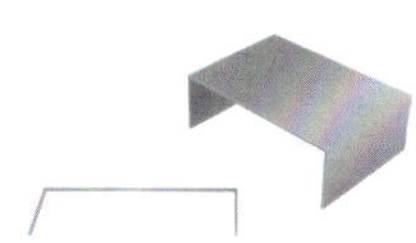

die Heftklammern
скоби для степлера

die Kreide
крейда

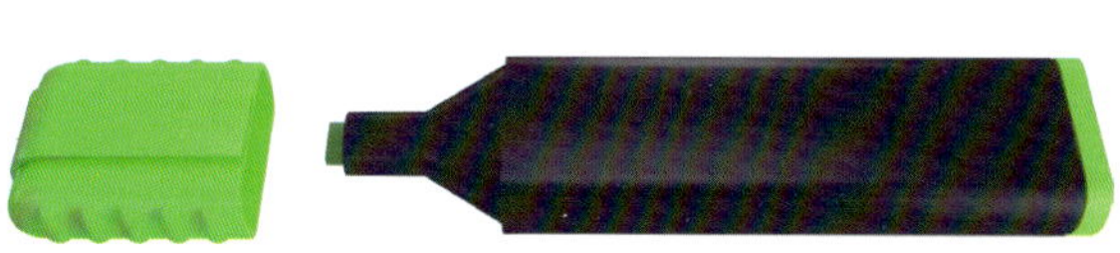

der Marker
маркер

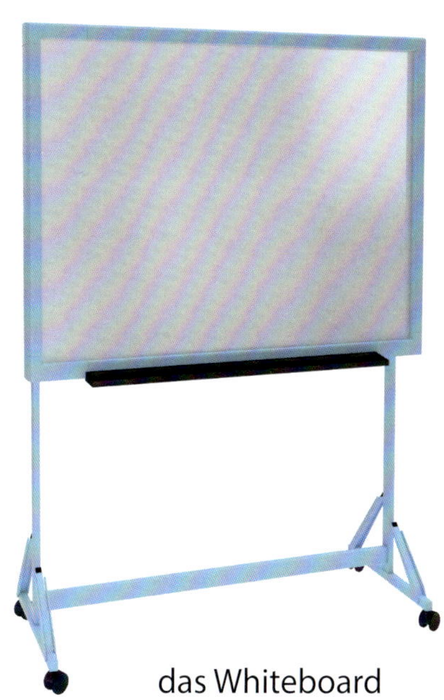

das Whiteboard
лекційна дошка

DIE ZAHLEN ЧИСЛА

+	−	x	÷	=
die Addition додавання	die Subtraktion віднімання	die Multiplikation множення	die Division ділення	das Gleichheitszeichen знак рівності

0
null
нуль

1
eins
один

2
zwei
два

3
drei
три

4
vier
чотири

5
fünf
п'ять

6
sechs
шість

7
sieben
сім

8
acht
вісім

9
neun
дев'ять

10
zehn
десять

11
elf
одинадцять

12
zwölf
дванадцять

20
zwanzig
двадцять

21
einundzwanzig
двадцять один

50
fünfzig
п'ятдесят

100
hundert
сто

1000
tausend
тисяча

1000000
die Million
мільйон

DIE FARBEN КОЛЬОРИ

grau
сірий

grün
зелений

orange
помаранчевий

violett
фіолетовий

weiß
білий

schwarz
чорний

gelb
жовтий

blau
синій

gelb
жовтий

rot
червоний

blau
синій

rot
червоний

DIE FORMEN ФОРМИ

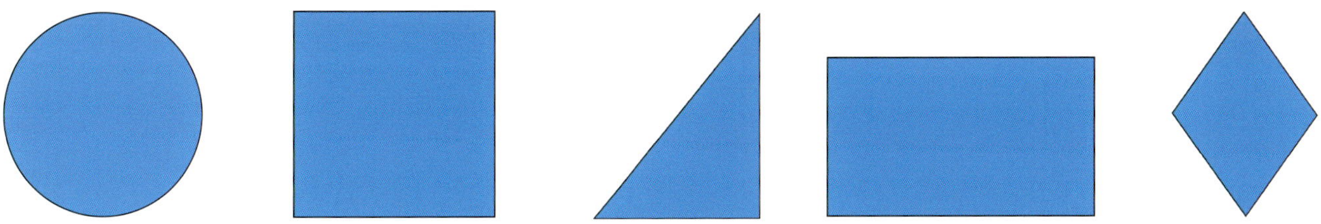

der Kreis
коло

das Quadrat
квадрат

das Dreieck
трикутник

das Rechteck
прямокутник

der Rhombus
ромб

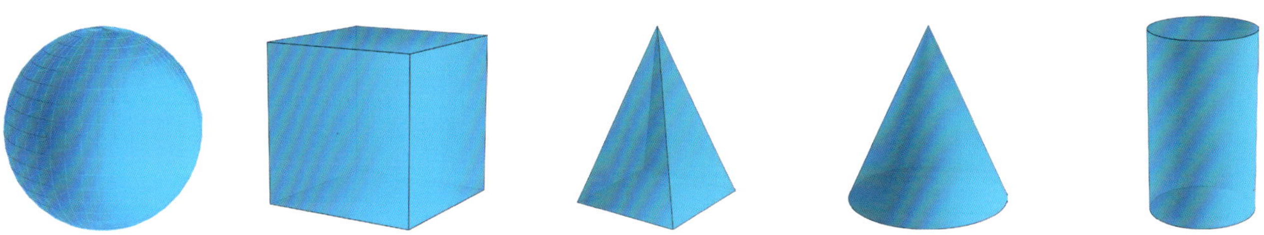

die Kugel
куля

der Würfel
куб

die Pyramide
піраміда

der Kegel
конус

der Zylinder
циліндр

DIE ZEIT ЧАС

ein Uhr
перша година

zwei Uhr
друга година

drei Uhr
третя година

vier Uhr
четверта година

fünf Uhr
п’ята година

sechs Uhr
шоста година

sieben Uhr
сьома година

acht Uhr
восьма година

neun Uhr
дев’ята година

zehn Uhr
десята година

elf Uhr
одинадцята година

zwölf Uhr
дванадцята година

DAS WETTER ПОГОДА

Das Wetter ist heute gut.
Сьогодні гарна погода.

der Regen
дощ

Heute ist es kalt.
Сьогодні холодно.

der Wind
вітер

DER KALENDER КАЛЕНДАР

der Monat
місяць

der Donnerstag
четвер

der Freitag
п'ятниця

der Samstag
субота

der Sonntag
неділя

der Montag
понеділок

der Wochentag
день тижня

der Dienstag
вівторок

das Datum
число місяця

der Mittwoch
середа

der Frühling
весна

der Sommer
літо

der Herbst
осінь

der Winter
зима

Deutsches Wörterverzeichnis

Abfalleimer 10
Abzugshaube 11
acht 54
acht Uhr 55
Achterbahn 44
Addition 54
Adler 35
Affe 34
Airhockeytisch 44
Aktivitäten 51
Akustikgitarre 41
Ameise 15
Ananas 28
Angelhaken 39
Angelrute 39
ängstlich 50
Anspitzer 52
Antilope 35
Anzug 12
Apfelsine 28
Aprikose 28
April 56
Aquarium 4
Arbeiter 47
Architektin 47
Arm 3
Arzt 46
Ast 32
Aubergine 17, 29
auf 49
aufblasbares Spielzeug 36
Auge 3
August 56
Auto 20
Avocado 29
Baby 2
Backwaren 27
Badehandtuch 9
Badewanne 8
Badezimmer 8
Badmintonschläger 45
Bagger 21
Baguette 26
Ball 37
Ballerinas 12
Ballon 23
Bananenschale 28
Bär 32
Baseballfeld 18
Baseballkappe 13
Basketball 42
Bauarbeiter 47
Bauch 3
Bauernhof 16
Baum 32
Bein 3
Berufe 46
Bett 6
Biber 33
Biene 16
Bildschirm 48
Blasloch 37
blau 55
Bleistift 53
Blockflöte 41
Blume 15
Bluse 13
Bohnen 26
Bonbon 27
Bongos 41
Bowlingkugel 44
Boxhandschuh 42
Bratpfanne 11
Brezel 26
Brokkoli 29
Brötchen 26
Bruder 2
Brust 3
Brustflosse 37
Bücherregal 5
Bug 23
Bügeleisen 5
Büroklammern 52
Bus 18
Butter 26
Camping 38
Cappuccino 31
Chamäleon 34
Chilipfeffer 17
Chips 30
Couch 4
Croissant 26
Dachs 33
Damespiel 44
Damwild 32
Dart 44
Dartpfeil 44
Darts 44
Datum 56
Daumen 3
Delfin 37
Deodorant 9
Deospray 9
Dezember 56
Dienstag 56
Division 54
Donnerstag 56
Donut 31
Dosenöffner 11
drei 54
drei Uhr 55
Dreieck 55
Dreirad 45
Drossel 33
Dusche 8
Duschgel 9
E-Book-Reader 48
E-Gitarre 41
Eichhörnchen 33
Eier 26
Eierkocher 10
ein Uhr 55
Eingang 45
Einkaufswagen 27
eins 54
einundzwanzig 54
Eis 31, 42
Eisbrecher 25
Elch 32
Elefant 34
elf 54
elf Uhr 55
Eltern 2
Emotionen 50
Enkel 2
Enkelin 2
Enkelkinder 2
Ente 16
Erdbeere 28
Erdmännchen 35
Ersatzspielerbank 42
erstaunt 50
Esel 16
Essen 30
Essig 27
Eule 33
Fahrgestell 23
Fahrkartenschalter 21
Fahrplan 21
Familie 2
Farben 55
Farbstift 7
Februar 56
Federball 45
Federwippe 45
Fernbedienung 4
Feuerwache 18
Feuerwehrauto 44
Feuerwehrfahrzeug 19
Feuerwehrmann 19
Filzstift 52
Fingernagel 3
Fischer 47
Flaschenöffner 11
Fleisch 26
Flugbegleiterin 47
Flugzeug 23
Flugzeugrumpf 23
Flusspferd 35
Forke 14
Formen 55
Fotoapparat 48
Fotograf 47
Frau 2
Freitag 56
Friseurin 47
froh 50
Frucht 32
Fruchtfleisch 28
Frühling 56
Fuchs 33
Füller 52
fünf 54
fünf Uhr 55
fünfzig 54
Fuß 3
Fußball 43
Fußgängerampel 18
Gabel 11
Gans 16
Garten 14
Gartenhandschuhe 14
Gartenschere 14
Gartenschlauch 14
Gazelle 35
Gecko 34
gegenüber 49
gehen 51
Geige 41
gelb 55
Gemüse 16
Gemüsecremesuppe 31
Gerfalke 33
Gerste 17
Geschäftsjet 23
Geschäftsmann 46
Geschirrspüler 11
Getränke 27
Gießkanne 14
Giraffe 34
Gitarrist 40
Gleichheitszeichen 54
Gleis 20
Globus 52
Golfball 43
Golfschläger 43
Grapefruit 28
Grashüpfer 15
grau 55
Grill 14
Großeltern 2
Großmutter 2
Großvater 2
grün 55
Grünkohl 29
Gurke 17, 29
Gürtel 13
Gymnastik 43
Haar 3
Haarbürste 9
Haargummi 9
Hahn 17
Hähnchen 26
Hai 37
Hamburger 30
Hand 3
Handrücken 3
Handschuhe 13
Handtuch 9
Hangar 22
Harke 14
Hase 33
Headset 48
Heck 23
Hefter 52
Heftklammern 53
Heidelbeerkuchen 31
Hemd 12
herab 49
Herbst 56
Herdplatte 11
Heute ist es kalt. 56
Himbeere 28
hinauf 49
hinter 49
Hockeyschläger 42
Honig 27
Honigmelone 28
Hose 13
Hotel 18
Hund 15
hundert 54
Hüpfball 6
Hut 13
Hyäne 35
Igel 32
in 49
Ingenieur 47
Insel 37
Iris 3
Jacke 13
Januar 56
Jeans 12
Joghurt 26
Juli 56
Junge 2
Juni 56
Käfer 33
Kaffee 31
Kalender 56
Kamel 34
Kamm 9
Kammmuschel 36
Känguru 35
Kanu 24
Kartoffel 29
Karussell 45
Käse 26
Kassiererin 27, 46
Kastagnetten 40
Katze 15
Kegel 44, 55
Kehlsack 37
Keks 26
Kellnerin 47
Kern 28
Ketchup 27
Keyboardspieler 40
Kinder 2
Kinderbett 6
Kinderzimmer 6
Kirsche 28
Kissen 4, 6
Kiwi 28
Klappbank 38
Klapphocker 39
Klapptisch 38
Klarinette 40
Klavier 40
Klebestift 53
Kleid 13
Kleidung 12, 13
kleine Finger 3
Klettergerüst 44
Kletterturmgerüst mit Rutschen 45
Knie 3
Koch 46
Kochmesser 11
Kofferkuli 22
Kommode 7
Kompaktpuder 8
Kondor 35
Konservenfisch 26
Kontrollraum 23
Kontrollturm 23
Kopf 3
Kopfhörer 5
Kopfsalat 29
Kopfschutz 42
Körper 3
krabbeln 51
Krankenhaus 18
Krankenschwester 46
Krankenwagen 19
Krawatte 12
Kreide 53
Kreis 55
Krokodil 35
Küche 10
Küchenmaschine 11
Kugel 55
Kuh 16
Kühlschrank 10
Kühltasche 38
Kühlvitrine 27
Kürbis 17, 28
lächeln 50
lachen 50
Lampe 6
Landverkehr 20
Laterne 39
Laub 32
Laubrechen 14
laufen 51
Lautsprecher 40
Lehrer 52
Lehrerpult 52
Leichtflugzeug 22
leiden 50
Leinwand 7
lesen 51
Lieferwagen 20
Liege 36, 39
liegen 51
Liegestuhl 38
Limonade 27
Lineal 52
Lippenstift 8
LKW 20
Locher 53
Löffel 11
Lokomotive 21
Löwe 35
Luftfahrt 22
Mädchen 2
Magnettafel 53
Mai 56
Maler 47
Mann 2
Marienkäfer 15
Marker 53
Markt 28
März 56
Mast 36
Maus 48
Mayonnaise 27
Mehrfachsteckerleiste 5
Melone 17
Messer 11
Miesmuschel 36
Mikrowelle 10
Milch 26
Million 54
Mineralwasser 27
Mittelfinger 3
Mittwoch 56
Mixer 10
Model 47
Monat 56
Montag 56
Motorjacht 24
Motorrad 20
Motorroller 20
Möwe 37
Mülleimer 18
Multiplikation 54
Mund 3
Mundwasser 8

Musik 40
Mutter 2
Mütze 13
Nachttisch 6
Nagellack 8
Nagelschere 9
nah 49
Nase 3
Nashorn 35
neben 49
neun 54
neun Uhr 55
November 56
null 54
Oberlid 3
Obst 16
Obst und Gemüse 27
Ohr 3
Oktober 56
Oliven 29
orange 55
Ordner 52
Overall 12
Palme 36
Parkplatz 19
Passagierterminal 22
Pasta 26
Pfannen-
wender 10, 14
Pfeffermühle 10
Pferd 17
Pferderennen 43
Pfirsich 28
Pflaster 8
Pilot 47
Pilze 26
Pinsel 7
Pizzaschneider 10
Planierraupe 21
Planschbecken 15
Polizeiauto 19
Polizeiwache 19
Polizist 19
Polsterhocker 5
Pommes 30
Popcorn 30
Posaune 40
Programmierer 48
Protektoren 43
Pullover 12
Pupille 3
Pyramide 55
Quad 20
Quadrat 55
Radierer 52
Radieschen 29
Rasen 15
Rasenmäher 14
Rasentrimmer 14
Rasierer 9
Rasierschaum 9
Rebschere 14
Rechteck 55
Regal 4
Regalbrett 13
Regen 56
Regenschirm 12
Reh 33
Reibe 10
Reis 26
Reißzwecke 52
Restaurant 19
Rhombus 55
Ringfinger 3
Rock 13
Roggenbrot 26
Rollbahn 23
Rollbahn-
markierung 23
Roller 20
Rollfeld 22
Rolltreppe 20
Rosenkohl 29
rot 55
Rotkohl 29
Rübe 29
Rucksack 38
Saft 27
Salat 31
Samstag 56
Sand 35
Sandalen 12
Sandkasten 15, 45
Sandwich 30
Sängerin 41
Sanitäter 19
Saugnapf 37
Savanne 34
Saxophon 40
Schach 44
Schachtel 13
Schaf 16
Schaukeln 44
Schaumstoff-
schwamm 8
Schere 52
Scherenbein 36
Schicht-Gelee 27
Schiedsrichter 42
Schiff 37
Schifffahrt 24
Schlafsack 38
Schläger 43
Schlagzeuger 41
Schlange 34
Schlittschuh 43
Schmetterling 15
Schneemobil 20
Schneidebrett 11
Schnittlauch 29
Schokolade 27
Schokoladentorte 31
Schöpfkelle 10
Schrank 6
Schreibtisch 7
Schreibtischstuhl 7
schreien 50
Schubkarre 14
Schublade 13
Schuhregal 13
Schulbank 53
Schule 52
Schülerin 53
Schultafel 52
Schultasche 7
Schulter 3
schwarz 55
schwarze Pfeffer 27
schwarzes Brett 53
Schwein 16
Schwertfisch 37
Schwester 2
Schwimmbecken 44
Schwimmer 39
Schwimmhaut 37
Schwimmkran 25
Schwimmreifen 37
sechs 54
sechs Uhr 55
Seeschwalbe 37
Segel 36
Segelboot 24
Seife 9
Sekretärin 46
September 56
Sessel 4
Shampoo 9
Shorts 12
sieben 54
sieben Uhr 55
Sitzbank 18
sitzen 51
Skateboard 43
Ski 42
Skiläufer 42
Skistöcke 42
Skorpion 34
Smartphone 48
Socken 12
Sohn 2
Sommer 56
Sonne 36
Sonnenblume 17
Sonnencreme 9
Sonnenschirm 36
Sonntag 56
Spargel 29
Spaten 14
Specht 33
Speisezwiebel 29
Sperling 33
Spiegel 9
Spiegelei 30
Spielecontroller 48
Spielzeug 45
Spinat 29
Spinne 34
Sport 42
Springbrunnen 15
springen 51
Springmaus 34
Spülbecken 10
Stadt 18
Stamm 32
Standort 49
Staubsauger 5
Stiel 28
Stirn 3
Stockbett 6
Stofftier 45
Strand 36
Straße 18
Straßenbahn 21
Straßenbau-
arbeiter 46
Straßenlaterne 18
Straßenwalze 21
Strauch 15
Strauß 34
Stuhl 5
Subtraktion 54
Supermarkt 19, 26
Suppenschale 11
Surfbrett 36
Süßkartoffel 29
Tablet 48
Tanker 25
Tanzfläche 44
Taschenlampe 39
Taschenmesser 38
Taschenrechner 52
Tasse
mit Untertasse 11
Tastatur 48
Taucher 36
tausend 54
Technik 48
Tee 31
Teekessel 10
Teelöffel 11
Teller 11
Tentakel 37
Terrarium 4
Terrasse 14
Terrassenschirm 38
Thermoskanne 38
Ticketschalter 45
Tiger 35
Tisch 5
Tischfußball 44
Tischlampe 4
Toaster 10
Tochter 2
Tofusuppe 30
Toilette 9
Toilettenbürste 9
Toilettenpapier 9
Tomate 17, 29
Tomatensuppe 30
Topf 10
Topfpflanze 5
Tor 42
Torhüter 42
Touchpad 48
Tragfläche 23
Trainer 42
Trainingsanzug 12
Traktor 16
traurig 50
Triangel 40
Triebwerk 23
Trinkglas 10
Trommelstöcke 41
Trompete 41
trüb 50
T-Shirt 12
Tuba 41
Turnschuhe 13
unter 49
Untergrundbahn 21
Unterhaltung 44
Unterhose 12
Unterlid 3
Vater 2
Ventilator 5
verwirrt 50
vier 54
vier Uhr 55
violett 55
Vogel 15
Vogelkäfig 4
vor 49
Wachsmalstift 7
Wal 37
Wald 32
Wapiti 32
Waschbär 33
Waschbecken 9
Waschmaschine 8
Wasserfarbe 7
Wasserhahn 8, 11
Wassermelone 28
Wassermotorrad 24
Wassernapf 4
Wasserrutsche 44
Wattestäbchen 8
weichgekochte Ei 30
Weintraube 28
weiß 55
Weißbrot 26
Weizen 17
Weste 12
Wetter 56
Wetter ist
heute gut. 56
Wickeltisch 7
Wildkatze 33
Wildschwein 33
Wimper 3
Wind 56
Winkelmesser 52
Winter 56
Wippe 45
Wirsing 29
Wissenschaftlerin 46
Wochentag 56
Wohnmobil 39
Wohnzimmer 4
Wohnzimmertisch 4
Wolf 32
Wolkenkratzer 19
Wrap 30
Würfel 55
Wurst 26
Würstchen 26
Xylophon 41
Zahlen 54
Zahnarzt 47
Zahnbürste 8
Zahnpasta 8
Zahnseide 8
Zaun 15
Zebra 35
zehn 54
zehn Uhr 55
Zeigefinger 3
Zeit 55
Zelt 39
Ziege 16
Zimmermann 46
Zitrone 28
zornig 50
Zug 21
Zugauskunftstafel 20
Zugset 6
zwanzig 54
zwei 54
zwei Uhr 55
Zweig 32
Zwillinge 2
zwischen 49
zwölf 54
zwölf Uhr 55
Zylinder 55

Ukrainisches Wörterverzeichnis

абрикос 28
авокадо 29
автобус 18
автомобіль 20
автофургон 20
адміністративний літак 23
аерохокей 44
аквалангіст 36
акварель 7
акваріум 4
акула 37
акустична гітара 41
американські гірки 44
ананас 28
ангар 22
антилопа 35
апельсин 28
архітектор 47
бабуся 2
багаторозетковий подовжувач 5
багет 26
баклажан 17, 29
балетки 12
банний рушник 9
барабанні палички 41
барабанщик 41
басейн 44
баскетбол 42
батат 29
батьки 2
батько 2
бджола 16
бегемот 35
безіменний палець 3
бейсболка 13
бейсбольне поле 18
березень 56
бігти 51
біла мускатна диня 28
білий 55
білка 33
блендер 10
близнюки 2
блок флейта 41
блузка 13
бобер 33
бонґо 41
борсук 33
бортпровідниця 47
брат 2
брецель 26
бритва 9
броколі 29
брюссельська капуста 29
будинок на колесах 39
будівельник 47
булочка 26
бульдозер 21
в 49
ванна 8
ванна кімната 8
вантажівка 20
вапіті 32
ватні палички 8
вгору 49
ведмідь 32
великий палець 3
вентилятор 5
верблюд 34
вересень 56
верхня повіка 3
вершкове масло 26
веселий 50
весна 56
виделка 11
вила 14
виноград 28
витяжка 11
вівторок 56
вівця 16
відкривачка для пляшок 11
віднімання 54
відро для сміття 10
візок 14, 27
візок для багажу 22
вісім 54
віслюк 16
вітальня 4
вітер 56
вітрило 36
вія 3
вказівна табличка 20
вказівний палець 3
вниз 49
вовк 32
водна гірка 44
водний транспорт 24
вокалістка 41
волан 45
волосся 3
ворота 42
воротар 42
воскова крейда 7
восьма година 55
вудка 39
вуличний ліхтар 18
вухо 3
вхід 45
вчений 46
вчитель 52
газель 35
газон 15
газонокосарка 14
гамбургер 30
гарбуз 17, 28
гарнітура 48
гачок 39
гекон 34
гель для душу 9
гідроцикл 24
гієна 35
гілка 32
гілка 32
гімнастика 43
гітарист 40
глобус 52
гнівний 50
гойдалка 44, 45
гойдалка на пружині 45
голова 3
горловий мішок 37
горобець 33
горшкова рослина 5
готель 18
граблі 14
гребінець 9
грейпфрут 28
гриби 26
гриль 14
грудень 56
груди 3
грудний плавець 37
гумка 52
гусак 16
дартс 44
два 54
двадцять 54
двадцять один 54
дванадцята година 55
дванадцять 54
двигун 23
гірка 45
двоярусне ліжко 6
дев'ята година 55
дев'ять 54
дезодорант 9
дезодорант-спрей 9
дельфін 37
день тижня 56
дерево 32
десята година 55
десять 54
джинси 12
диван 4
дика кішка 33
дикий кабан 33
динаміки 40
диня 17
диспетчерська вежа 23
дисплей 48
дитяча гірка 44
дитяча кімната 6
дитячий басейн 15
дихало 37
дівчинка 2
дідусь 2
дідусь і бабуся 2
дії 51
ділення 54
діркопробивач 53
діти 2
додавання 54
донат 31
дорога 18
дорожній робітник 46
дочка 2
дошка для нарізання 11
дошка для серфінгу 36
дощ 56
дрозд 33
дротик 44
друга година 55
душ 8
дятел 33
екскаватор 21
електрогітара 41
електрокоса 14
електронна книга 48
електроплита 11
емоції 50
ескалатор 20
єнот 33
жива огорожа 15
живіт 3
жилет 12
жираф 34
житній хліб 26
жінка 2
жовтень 56
жовтий 55
жук 33
журнальний столик 4
заєць 33
захисні щитки 43
збентежений 50
здивований 50
зебра 35
зелений 55
зима 56
зіниця 3
зляканий 50
змія 34
знак рівності 54
зубна нитка 8
зубна паста 8
зубна щітка 8
йогурт 26
йоржик 9
йти 51
іграшка 45
іграшкова залізниця 6
ігровий контролер 48
їжа 30
їжачок 32
інженер 47
інформаційний стенд 53
кава 31
кавун 28
календар 56
каное 24
канцелярські кнопки 52
капелюх 13
капуста листова 29
капучино 31
картопля 29
картопля фрі 30
карусель 45
касир 27, 46
кастаньєти 40
каструля 10
качка 16
квадрат 55
квадроцикл 20
квасоля 26
квиткова каса 21, 45
квітень 56
квітка 15
кегля 44
кемпінг 38
кенгуру 35
кетчуп 27
кисть руки 3
кит 37
кишеньковий калькулятор 52
ківі 28
кінь 17
кішка 15
клавіатура 48
клавішник 40
кларнет 40
класна дошка 52
клей олівець 53
клешненосна кінцівка 36
клітка для птахів 4
ключка 42
ключка для гольфу 43
книжкова шафа 5
ковбаса 26
ковзани 43
ковзанка 21
козуля 33
коліно 3
коло 55
кольори 55
кольоровий олівець 7
комбінезон 12
комод 7
компактна пудра 8
кондор 35
коник 15
консервовідкривач 11
конус 55
коробка 13
корова 16
костюм 12
краватка 12
кран 8, 11
крачка 37
крейда 53
креслярський косинець 52
кречет 33
криголам 25
крило 23
кричати 50
крісло 4
крокодил 35
кросівки 13
круасан 26
ксилофон 41
куб 55
куля 55
куля для боулінгу 44
куртка 13
курятина 26
кухар 46
кухарський ніж 11
кухня 10
кухонний комбайн 11
лава для гравців 42
лавка 18
лак для нігтів 8
лампа 6
лань 32
латук качаний 29
лев 35
легкий літак 22
лежак 36, 39
лежати 51
лижа 42
лижник 42
лижні палиці 42
лимон 28
лимонад 27
липня 56
лисиця 33
листопад 56
листя 32
лід 42
ліжечко для малюка 6
ліжко 6
лійка 14
лікар 46
лікарня 18
лінійка 52
ліс 32
літак 23
літо 56
ліхтар 39
ліхтарик 39
лоб 3
ложка 11
локомотив 21
лопатка 10, 14
лось 32
лосьйон для засмаги 9
льодяник 27
люстерко 9
лютий 56
мавпа 34
магнітна дошка 53
майонез 27
малина 28
маляр 47
маневрена зона 22
маркер 53
мармелад 27
матір 2
мед 27
медсестра 46
метелик 15
метро 21
мийка 10
мило 9
миска 4, 11
миша 48
мідія 36
між 49
мізинець 3
мікрохвильова піч 10
мільйон 54

мінеральна вода 27
місто 18
місяць 56
множення 54
модель 47
молоко 26
морозиво 31
морський гребінець 36
моторна яхта 24
моторолер 20
мотоцикл 20
музика 40
музичний трикутник 40
мураха 15
м’яка іграшка 45
м’якоть 28
м’ясо 26
м’яч 37
м’яч для гри в гольф 43
м’яч-стрибун 6
на 49
навпаки 49
навушники 5
надувна іграшка 36
надувне коло 37
наземний транспорт 20
намет 39
напої 27
насіння 28
настільна лампа 4
настільний футбол 44
неділя 56
некруто зварене яйце 30
немовля 2
нижня повіка 3
ніготь 3
ніж 11
ніж для піци 10
ніс 3, 23
нога 3
ножиці 52
ножиці для нігтів 9
носоріг 35
нуль 54
овочевий крем-суп 31
овочі 16
овочі та фрукти 27
огірок 17, 29
один 54
одинадцята година 55
одинадцять 54
одяг 12, 13
око 3
оливки 29
олівець 53
онук 2
онуки 2
онучка 2
ополоник 10
орел 35
осінь 56
острів 37
офіціантка 47
оцет 27
п’ята година 55
павук 34
пальма 36
парасолька 12, 36
парасолька для тераси 38
паркан 15
парковка 19
парта 53
парусна яхта 24
пасажирський аеровокзал 22
паста 26
пательня 11
пеленальний стіл 7
пензлик 7
перед 49
перетинки 37
перець чилі 17
персик 28
перукар 47
перша година 55
печиво 26
пиріг з чорницями 31
письмовий стіл 7
піаніно 40
півень 17
під 49
підприємець 46
пілот 47
піна для гоління 9
піраміда 55
пісок 35
пісочниця 15, 45
плавучий кран 25
планшет 48
пластир 8
плече 3
плід 32
пляж 36
повзти 51
повітряна куля 23
повітряний транспорт 22
погода 56
подрібнювач для перцю 10
подушка 4
подушка 6
пожежна машина 44
пожежна станція 18
пожежний 19
пожежний автомобіль 19
позаду 49
полиця 4, 13
поліційний автомобіль 19
поліційний відділок 19
поліціянт 19
полотно 7
полуниця 28
помада 8
помаранчевий 55
помідор 17, 29
понеділок 56
попкорн 30
поплавок 39
порохотяг 5
поруч 49
поряд 49
посміхатися 50
посудомийна авто 11
потяг 21
похмурий 50
пояс 13
пральна машина 8
праска 5
приліжкова тумба 6
присосок 37
програміст 48
професії 46
прямокутник 55
птах 15
пульт дистанційного керування 4
пункт управління 23
пуф 5
пшениця 17
пшеничний хліб 26
п’ятдесят 54
п’ятниця 56
п’ять 54
райдужна оболонка 3
ракетка для бадмінтону 45
ранець 7
регульований стілець 7
редис 29
резинка для волосся 9
рейки 20
ресторан 19
риба меч 37
рибалка 47
рибні консерви 26
ринок 28
рис 26
рідина для полоскання рота 8
ріпа 29
ріпчаста цибуля 29
робітник 47
розваги 44
розклад руху 21
розкладна лава 38
розкладний стіл 38
розмітка рульової доріжки 23
розташування 49
роликова дошка 43
ромб 55
рот 3
рука 3
рукавичка 42
рукавички 13
рульова доріжка 23
рушник 9
рюкзак 38
савана 34
савойська капуста 29
сад 14
садові граблі 14
садові ножиці 14
садові рукавички 14
саксофон 40
салат 31
самокат 20
сандалі 12
санітар 19
светр 12
свиня 16
світлофор для пішоходів 18
секатор 14
секретар 46
сендвіч 30
сендвіч-рап 30
середа 56
середній палець 3
Серпень 56
сестра 2
сидіти 51
син 2
синій 55
синтетична губка 8
сир 26
сік 27
сім 54
сім’я 2
сірий 55
січень 56
складаний ніж 38
складний стілець 39
склянка 10
скоби для степлера 53
скорпіон 34
скрипка 41
скріпки 52
слон 34
смажене яйце 30
смартфон 48
сміятися 50
снігохід 20
собака 15
сова 33
совкова лопата 14
сонечко 15
сонце 36
соняшник 17
сорочка 12
сосиски 26
спальний мішок 38
спаржа 29
спідниця 13
спорт 42
ствол 32
стебло 28
степлер 52
стіл 5
стіл вчителя 52
стілець 5
сто 54
стоматолог 47
стопа 3
страждати 50
страус 34
стрибати 51
стрибки 43
субота 56
суддя 42
судно 37
сукня 13
сумка холодильник 38
сумний 50
суп з тофу 30
супермаркет 19
сурикат 35
Сьогодні гарна погода 56
Сьогодні холодно. 56
сьома година 55
танкер 25
танцювальна підлога 44
тарілка 11
тачпад 48
тенісна ракетка 43
тераріум 4
тераса 14
термос 38
тертка 10
тесляр 46
техніка 48
тигр 35
тильна сторона кисті 3
тисяча 54
тіло 3
томатний суп 30
тостер 10
точилка 52
травень 56
трактор 16
трамвай 21
тренер 42
тренувальний костюм 12
третя година 55
три 54
триколісний велосипед 45
трикутник 55
тромбон 40
труба 41
труси 12
туалетний папір 9
туба 41
тушканчик 34
умивальник 9
універсам 26
унітаз 9
урна 18
учениця 53
ферма 16
фіолетовий 55
фломастер 52
фонтан 15
форми 55
фотоапарат 48
фотограф 47
фрукти 16
футбол 43
футболка 12
фюзеляж 23
хамелеон 34
хвіст 23
хлібобулочні вироби 27
хлопчик 2
хмарочос 19
холодильна вітрина 27
холодильник 10
цап 16
циліндр 55
чай 31
чайка 37
чайна ложка 11
чайник 10
час 55
чашка з блюдцем 11
червень 56
червоний 55
червонокачанна капуста 29
черешня 28
четвер 56
четверта година 55
чипси 30
числа 54
число місяця 56
читати 51
чоловік 2
чорний 55
чорний перець 27
чорнильна ручка 52
чотири 54
шампунь 9
шапка 13
шасі 23
шафа 6
шахи 44
шашки 44
швидка допомога 19
швидкозшивач 52
шезлонг 38
шість 54
шкарпетки 12
шкірка 28
школа 52
шланг 14
зелена цибуля 29
шоколад 27
шоколадний торт 31
шолом 42
шорти 12
шоста година 55
шпинат 29
штани 13
щітка для волосся 9
щогла 36
щупальце 37
яйцеварка 10
яйця 26
ячмінь 17
ящик для білизни 13
ящик для взуття 13